Publications Pratiques de Droit Fiscal

Supplément au Barême

des

DROITS DE SUCCESSION

(Barême MAGER)

TAXE et DROITS

(double-décime compris)

Loi du 22 Mars 1924, art. 3

EXPOSÉ

des Règles de liquidation de la Taxe Successorale et des Droits de Mutation par décès ; textes législatifs jurisprudence, instructions et solutions

TABLEAU DES PÉNALITÉS

Directeur : Me THOMAS-MAGER
Ancien Receveur de l'Enregistrement - Notaire à La Ciotat (Bouches-du-Rhône)

PRIX : 9 Francs, franco
(Compte Chèques Postaux, Marseille 2865)

Formules d'affirmation de la sincérité des déclarations

(L. 22 frimaire an VII, art. 27; 6 décembre 1897, art. 11 ; 25 février 1901, art. 16; 18 avril 1918, art. 7 et 8 ; I. 2954 ; 3547, § 2).

Déclaration partielle souscrite dans le délai légal.

Le déclarant affirme sincère et véritable, sous les peines de droit, la présente déclaration, contenue en (nombre) pages et approuve (nombre) mots rayés nuls (ou sans rature). Il affirme en outre que cette déclaration est partielle et sera complétée en temps utile.

Si le déclarant ne peut ou ne sait signer, le Receveur reproduit la dite formule au pied de la déclaration et ajoute :

Le Receveur certifie avoir donné lecture de la présente déclaration au déclarant, lequel en a affirmé la sincérité et, requis de signer, a affirmé ne le pouvoir (ou ne le savoir).

Déclaration complète.

Le déclarant affirme sincère et véritable, sous les peines de droit, la présente déclaration contenue en (nombre) pages et approuve (nombre) mots rayés nuls (ou sans rature) · il affirme, en outre, sous les peines édictées par l'article 8 de la loi du 18 avril 1918, que cette déclaration comprend l'argent comptant, les créances et toutes autres valeurs mobilières françaises ou étrangères, qui, à sa connaissance, appartenaient au défunt, soit en totalité, soit en partie.

Si le déclarant ne peut ou ne sait pas signer, le Receveur reproduit intégralement le texte de la mention ci-dessus au pied de la déclaration, et après lecture au déclarant de cette mention, des art. 7, § 2 et 8 de la loi du 18 avril 1918, et 366 du Code pénal, ajoute :

Le Receveur certifie avoir donné lecture de la présente déclaration ainsi que des articles 7 et 8 de la loi du 18 avril 1918 et 366 du Code pénal au déclarant, lequel, requis de signer, a affirmé ne le pouvoir (ou ne le savoir) et a affirmé en outre l'exactitude complète de sa déclaration.

La mention prescrite doit être écrite « de la main du déclarant 5 (art. 7, dernier alinéa, L. 18 avril 1918) ; il y aura donc autant de mentions que de déclarants.

Nota. - Chacun des renvois doit être approuvé séparément.

SUPPLÉMENT AU BARÊME

DES

DROITS DE SUCCESSION

SOMMAIRE :

I. — Barême

Taxe Successorale. Pages

1° *Barême général* à utiliser pour les capitaux au delà de 1 million 3

2° *Tableaux-Barêmes* à utiliser, de préférence, pour les capitaux jusqu'à 1 million .... 6 à 9

Droits de mutation par décès.

1° *Barême général* à utiliser :

a) pour les parts nettes au delà de 1 million ;

b) pour les parts nettes recueillies par les ascendants et descendants au delà du 2e degré .... 4 et 5

2° *Tableaux-Barêmes* à utiliser de préférence pour les parts nettes jusqu'à 1 million

a) parts ne dépassant pas 10.000 fr., dans les successions n'excédant pas 25.000 fr. .... 10 et 11

b) parts ne remplissant pas ces conditions .... 12 à 19

c) legs aux départements, communes, établissements publics ou d'utilité publique ne bénéficiant pas du tarif de 9 % (10.80 D. C.) 20

II. — Exposé des règles de liquidation

1° **Taxe successorale** 21

2° **Droits de mutation par décès** 39

3° **Décimes, intérêts moratoires** 52

III. — Pénalités 53

Mode d'emploi des tableaux barêmes

Consulter *uniquement* la colonne (impôt) correspondant, d'après son en-tête, à l'importance de la somme à taxer. Le montant de l'impôt y est indiqué vis-à-vis de la somme à taxer figurant dans la colonne : capital ou part imposable.

Soit à calculer la taxe sur un capital de 272.000 fr. Le défunt a 3 enfants.

Voir le Tableau-Barême page 6. Consulter la 8e colonne (impôt).

Sur un capital imposable de	270.000,	il est dû	3.624 fr.
id.	2.000,	»	36 »
	272.000	Total de la taxe	3.660 fr.

Lorsque la somme à imposer dépasse 2.000 fr., pour éviter toute erreur, s'assurer que le premier chiffre de l'impôt relevé est imprimé en caractères gras.

Remise aux Correspondants : 33 %

ETUDE GÉNÉALOGIQUE

DE

Me AMÉDÉE COUTOT, ✠, ✠, ✠, AVOCAT-GÉNÉALOGISTE

21, Boulevard Saint-Germain, 21 — PARIS

MAURICE COUTOT FILS, DOCTEUR EN DROIT

SUCCESSEUR

SUCCURSALES :

MARSEILLE, 42, rue Montgrand, tél. 47.30.
STRASBOURG, 10, boul. de Nancy, tél. 50.29.
LYON, 82, rue de l'Hôtel-de-Ville, tél. 33.79.
NANCY, 10, cours Léopold, tél. 10.27.
LE MANS, 10, rue de l'Etoile, tél. 7.68.
NANTES, 42, Grande Av. Bouchaud, tél. 29.59.
ALGER, 1. rue Waïsse, tél. 12.38.
LONDRES, 109, Great Russel Street, Bedford Square (W.C. 2).
BRUXELLES, 119, rue Vanderlinden, tél. B. 752.
HAMBOURG, Wandsbecker Chaussée.
GENÈVE, 39, quai Wilson.
NEW-YORK, Wall Street.
SAN-FRANCISCO, Phelang Building.
BUENOS-AIRES, 252, Balcarce.
LENINGRAD, Kamenoostrowski Perspective.
VARSOVIE, rue Chmielna.

Correspondants dans toutes les villes de France et de l'Etranger

La Chambre des Députés, après un débat approfondi, plusieurs votes successifs et sur l'avis des Commissions compétentes, a rejeté à une énorme majorité le projet de loi tendant à restreindre au 4e degré la vocation héréditaire.

En conséquence, la dévolution des successions et la vocation héréditaire des ayants droit restent régies par les lois précédentes qui demeurent en vigueur (Vocation héréditaire jusqu'au 6e degré portée au 12e degré quand le défunt est incapable de tester.

En suite des bouleversements qu'a produits la guerre, plus que jamais il peut y avoir lieu à

RECHERCHE D'HÉRITIERS

M. MAURICE COUTOT, Fils et successeur de Me AMÉDÉE COUTOT, avocat généalogiste, met à la disposition des notaires, greffiers et hommes d'affaires son organisation spéciale, tant à son étude principale de Paris que dans ses succursales de France et de l'Etranger.

En conséquence, signaler, de suite, au besoin par télégramme qui sera remboursé :

1° Les décès des personnes dont on ne connaît pas les héritiers ;

2° De celles dont on croit qu'une partie des héritiers, frères, sœurs, neveux, nièces, cousins, a disparu sans adresse actuelle ;

3° Les successions appréhendées par les héritiers d'une seule ligne ; enfin, les affaires du même genre en général qui seront étudiées sans frais et sans engagement.

Remise importante aux correspondants : **33 %**.

Pour la région méridionale (Marseille, Nice, Montpellier, Nimes, Avignon, Valence, Grenoble, Chambéry), **signaler à la**

SUCCURSALE : 42, rue Montgrand - MARSEILLE

Directeur : Louis VIAL

Avocat-Généalogiste

Ancien Principal Clerc de Notaire à Marseille

Téléphone 47.30 — Adresse Télégraphique : ETUDGÉNÉAL-MARSEILLE

TAXE SUCCESSORALE

(L. du 25 Juin 1920, art. 29, double décime compris)

Barème Général à utiliser spécialement pour un capital à taxer au delà de UN million

TROIS ENFANTS VIVANTS OU REPRÉSENTÉS		DEUX ENFANTS VIVANTS OU REPRÉSENTÉS		CAPITAL NET GLOBAL de	UN ENFANT VIVANT OU REPRÉSENTÉ		PAS D'ENFANT VIVANT OU REPRÉSENTÉ	
Tarif pour la tranche finissant à la somme portée en regard colonne 5	Montant des droits pour la somme totale portée en regard colonne 5	Tarif pour la Tranche finissant à la somme portée en regard colonne 5	Montant des droits pour la somme totale portée en regard colonne 5		Tarif pour la tranche finissant à la somme portée en regard colonne 5	Montant des droits pour la somme totale portée en regard colonne 5	Tarif pour la tranche finissant à la somme portée en regard colonne 5	Montant des droits pour la somme totale portée en regard colonne 5
1	2	3	4	5	6	7	8	9
%		%			%		%	
0 30	6	0 60	12	2.000	1 20	24	3 60	72
0 60	54	1 20	108	10.000	2 40	216	7 20	648
0 90	414	1 80	828	50.000	3 60	1.656	10 80	4.968
1 20	1.014	2 40	2.028	100.000	4 80	4.056	14 40	12.168
1 50	3.264	3 »	6.528	250.000	6 »	13.056	18 »	39.168
1 80	7.764	4 20	17.028	500.000	7 80	32.556	21 60	93.168
2 70	21.264	5 10	42.528	1.000.000	9 60	80 556	25 20	219.168
3 84	59.664	7 20	114.528	2.000.000	14 40	224.556	28 80	507.168
4 32	189.264	8 10	357.528	5.000.000	16 20	710.556	32 40	1.479.168
4 80	429.264	9 »	807.528	10.000.000	18 »	1.610.556	36 »	3.279.168
5 28	2.541.264	9 90	4.767.528	50.000.000	19 80	9.530.556	39 60	19.119.168
5 76	5.421.264	10 80	10.167.528	100.000.000	21 60	20.330.556	43 20	40.719.168
6 60	31.821.264	12 »	58.167.528	500.000.000	24 »	116.330.556	44 40	218.319.168
9 »		14 40		au-dessus de : 500.000.000	25 20		46 80	

EXEMPLE : Soit un capital global net de 8.262.860 frs. Le défunt laisse 2 enfants.

La taxe totale sur le plein de la tranche immédiatement inférieure (5.000.000) est indiqué à la ligne **9** (col. 4), ci . . . . 357.528 »

La taxe au taux de 9 % (indiqué à la ligne suivante, col. 3) appliqué à l'excédent, soit 3.262.860, s'élève à. 293.657,40

Total de la taxe. 651.185,40

DROITS DE MUTATION

(L. du 25 Juin 1920, art. 30,

Barème Général à utiliser spécialement : 1° pour les parts nettes à taxer au delà de 1 million;

2° pour les parts des ascendants et descendants au

PART SUCCESSORALE NETTE de :	LIGNE DIRECTE descendante au 1er degré		LIGNE DIRECTE descendante au 2e degré et ENTRE EPOUX		LIGNE DIRECTE descendante au delà du 2e degré		LIGNE DIRECTE ascendante au 1er degré		LIGNE DIRECTE ascendante au 2e degré	
	Tarif pour la tranche finissant à la somme portée en regard colonne 11	Montant des droits pour la somme totale portée en regard colonne 11	Tarif pour la tranche finissant à la somme portée en regard colonne 11	Montant des droits pour la somme totale portée en regard colonne 11	Tarif pour la tranche finissant à la somme portée en regard colonne 11	Montant des droits pour la somme totale portée en regard colonne 11	Tarif pour la tranche finissant à la somme portée en regard colonne 11	Montant des droits pour la somme totale portée en regard colonne 11	Tarif pour la tranche finissant à la somme portée en regard colonne 11	Montant des droits pour la somme totale portée en regard colonne 11
11	1	2	3	4	5	6	7	8	9	10
	%		%		%		%		%	
2.000	1 20	24	1 80	36	2 40	48	3 »	60	3 60	72
10.000	2 40	216	3 »	276	3 60	336	4 20	396	4 80	456
50.000	3 60	1.656	4 20	1.956	4 80	2.256	5 40	2.556	6 »	2.856
100.000	4 80	4 056	5 40	4 656	6 »	5 256	6 60	5.856	7 20	6.456
250.000	6 »	13.056	6 60	14.556	7 20	16.056	7 80	17.556	8 40	19 056
500.000	7 20	31.056	7 80	34.056	8 40	37.056	9 »	40.056	9 60	43.056
1.000.000	8 40	73.056	9 »	79.056	9 60	85.056	10 20	91.056	10 80	97.056
2.000.000	10 80	181.056	11.40	193.056	12 »	205.056	12 60	217.056	13 20	229.056
5.000.000	13 20	577.056	13 80	607.056	14 40	637.056	15 »	667.056	15 60	697.056
10.000.000	15 60	1.357.056	16 20	1.417.056	16 80	1.477.056	17 40	1.537.056	18 »	1.597.056
50.000.000	18 »	8.557.056	18 60	8.857.056	19 20	9.157.056	19 80	9.457.056	20 40	9.757.056
au delà de 50 000.000	20 40		21 »		21 60		22 20		22 80	

EXEMPLE : Soit une part nette (taxe déduite) de 1.902.918,65 échue à un descendant au delà du 2e degré.

Le total des droits sur le plein de la tranche immédiatement inférieure (1.000.000) est indiqué à la col. 6, ligne 7, ci . . . . 85.056 »

Les droits au taux de 12 % (indiqué à la colonne 5, ligne suivante) appliqué à l'excédent, soit 902.920, s'élèvent à. 108.350 40

Total des droits. . . . 193.406 40

PAR DÉCÈS

Double décime compris)

delà du 2e degré, dépassant 10.000 fr. ou recueillies dans les successions excédant 25.000 fr.

PART SUCCESSORALE NETTE de :	LIGNE DIRECTE ascendante au delà du 2e degré		ENTRE frères et sœurs		ENTRE oncles ou tantes ou neveux et nièces		ENTRE grands oncles ou grand' tantes et petits neveux ou petites nièces et entre cousins germains		ENTRE parents au delà du 4e degré et entre personnes non parentes	
	Tarif pour la tranche finissant à la somme portée en regard colonne 11	Montant des droits pour la somme totale portée en regard colonne 11	Tarif pour la tranche finissant à la somme portée en regard colonne 11	Montant des droits pour la somme totale portée en regard colonne 11	Tarif pour la tranche finissant à la somme portée en regard colonne 11	Montant des droits pour la somme totale portée en regard colonne 11	Tarif pour la tranche finissant à la somme portée en regard colonne 11	Montant des droits pour la somme totale portée en regard colonne 11	Tarif pour la tranche finissant à la somme portée en regard colonne 11	Montant des droits pour la somme totale portée en regard colonne 11
11	12	13	14	15	16	17	18	19	20	21
	%		%		%		%		%	
2.000	4 20	84	12 »	240	18 »	360	24 »	480	30 »	600
10.000	5 40	516	14 40	1.392	20 40	1.992	26 40	2 592	32 40	3.192
50.000	6 60	3.156	16 80	8.112	22 80	11.112	28 80	14.112	34 80	17.112
100.000	7 80	7.056	19 20	17.712	25 20	23 712	31 20	29.712	37 20	35.712
250.000	9 »	20.556	22 80	51.912	28 60	66.912	34 80	81.912	40 80	96.912
500.000	10 20	46.056	26 40	117.912	32 40	147 912	38 40	177.912	44 40	207.912
1.000.000	11 40	103.056	30 »	267.912	36 »	327.912	42 »	337.912	48 »	447.912
2.000.000	13 80	241 056	33 60	603.912	39 60	723 912	45 60	843 912	51 60	963.912
5.000.000	16 20	727.056	38 40	1.755.912	44 40	2.055.912	50 40	2.355.912	56 40	2.655.912
10.000.000	18 60	1.657.056	43 20	3.915.912	49 20	4.515.912	55 20	5.115.912	61 20	5.715.912
50.000.000	21 »	16.057.056	48 »	23.115.912	54 »	26.115.912	60 »	29.115.912	66 »	32.115.912
au delà de 50.000.000	23 40		52 80		58 80		64 80		70 80	

TROIS
ENFANTS VIVANTS
OU REPRÉSENTÉS

TAXE SUCCESSORALE

(L. 25 Juin 1920, art. 29, double décime compris)

CAPITAL NET GLOBAL DE :

1 à 2.000 — Capital Imposable	1 à 2.000 — Droits 0.30 % D.C.
1	0 01
2	0 01
3	0 01
4	0 02
5	0 02
6	0 02
7	0 03
8	0 03
9	0 03
10	0 03
11	0 04
12	0 04
13	0 04
14	0 05
15	0 05
16	0 05
17	0 06
18	0 06
19	0 06
20	0 06
30	0 09
40	0 12
50	0 15
60	0 18
70	0 21
80	0 24
90	0 27
100	0 30
200	0 60
300	0 90
400	1 20
500	1 50
600	1 80
700	2 10
800	2 40
900	2 70
1.000	3 »
1.100	3 30
1.200	3 60
1.300	3 90
1.400	4 20
1.500	4 50
1.600	4 80
1.700	5 10
1.800	5 40
1.900	5 70
2.000	6 »

2.001 à 10.000 0.60 % D. C.	10.001 à 50.000 0.90 % D. C.	CAPITAL - IMPOSABLE	50.001 à 100.000 1.20 % D. C.	100.001 à 250.000 1.50 % D. C.	250.001 à 500.000 1.80 % D. C.	500.001 à 1.000.000 2.70 % D. C.
0 12	0 18	20	0 24	0 30	0 36	0 54
0 24	0 36	40	0 48	0 60	0 72	1 08
0 36	0 54	60	0 72	0 90	1 08	1 62
0 48	0 72	80	0 96	1 20	1 44	2 16
0 60	0 90	100	1 20	1 50	1 80	2 70
1 20	1 80	200	2 40	3 »	3 60	5 40
1 80	2 70	300	3 60	4 50	5 40	8 10
2 40	3 60	400	4 80	6 »	7 20	10 80
3 »	4 50	500	6 »	7 50	9 »	13 50
3 60	5 40	600	7 20	9 »	10 80	16 20
4 20	6 30	700	8 40	10 50	12 60	18 90
4 80	7 20	800	9 60	12 »	14 40	21 60
5 40	8 10	900	10 80	13 50	16 20	24 30
» »	9 »	1.000	12 »	15 »	18 »	27 »
6 »	18 »	2.000	24 »	30 »	36 »	54 »
12 »	27 »	3.000	36 »	45 »	54 »	81 »
18 »	36 »	4.000	48 »	60 »	72 »	108 »
24 »	45 »	5.000	60 »	75 »	90 »	135 »
30 »	54 »	6.000	72 »	90 »	108 »	162 »
36 »	63 »	7.000	84 »	105 »	126 »	189 »
42 »	72 »	8.000	96 »	120 »	144 »	216 »
48 »	81 »	9.000	108 »	135 »	162 »	243 »
54 »	54 »	10.000	»	150 »	180 »	270 »
»	144 »	20.000	»	300 »	360 »	540 »
»	234 »	30.000	»	450 »	540 »	810 »
»	324 »	40.000	»	600 »	720 »	1.080 »
»	414 »	50.000	414 »	750 »	900 »	1.350 »
»	»	60.000	534 »	900 »	1.080 »	1.620 »
»	»	70.000	654 »	1.050 »	1.260 »	1.890 »
»	»	80.000	774 »	1.200 »	1.440 »	2.160 »
»	»	90.000	894 »	1.350 »	1.620 »	2.430 »
»	»	100.000	1.014 »	1.014 »	»	»
»	»	200.000	»	2.514 »	»	»
»	»	250.000	»	3.264 »	3.264 »	»
»	»	260.000	»	»	3.444 »	»
»	»	270.000	»	»	3.624 »	»
»	»	280.000	»	»	3.804 »	»
»	»	290.000	»	»	3.984 »	»
»	»	300.000	»	»	4.164 »	»
»	»	400.000	»	»	5.964 »	»
»	»	500.000	»	»	7.764 »	7.764 »
»	»	600.000	»	»	»	10.464 »
»	»	700.000	»	»	»	13.164 »
»	»	800.000	»	»	»	15.864 »
»	»	900.000	»	»	»	18.564 »
»	»	1.000.000	»	»	»	21.264 »

TAXE SUCCESSORALE

(L. 25 Février 1920, art. 29, double décime compris)

DEUX
ENFANTS VIVANTS
OU REPRÉSENTÉS

CAPITAL NET GLOBAL DE :

1 à 2.000	
Capital Imposable	Droits 0,60 o/o D.C.
1	0 01
2	0 02
3	0 02
4	0 03
5	0 03
6	0 04
7	0 05
8	0 05
9	0 06
10	0 06
11	0 07
12	0 08
13	0 08
14	0 09
15	0 09
16	0 10
17	0 11
18	0 11
19	0 12
20	0 12
30	0 18
40	0 24
50	0 30
60	0 36
70	0 42
80	0 48
90	0 54
100	0 60
200	1 20
300	1 80
400	2 40
500	3 »
600	3 60
700	4 20
800	4 80
900	5 40
1.000	6 »
1.100	6 60
1.200	7 20
1.300	7 80
1.400	8 40
1.500	9 »
1.600	9 60
1.700	10 20
1.800	10 80
1.900	11 40
2.000	12 »

2.001 à 10.000 1,20 o/o D. C.	10.001 à 50.000 1,80 o/o D. C.	CAPITAL IMPOSABLE	50.001 à 100.000 2,40 o/o D. C.	100.001 à 250.000 3 o/o D. C.	250.001 à 500.000 4,20 o/o D. C.	500.001 à 1.000.000 5,10 o/o D. C.
0 24	0 36	20	0 48	0 60	0 84	1 02
0 48	0 72	40	0 96	1 20	1 68	2 04
0 72	1 08	60	1 44	1 80	2 52	3 06
0 96	1 44	80	1 92	2 40	3 36	4 08
1 20	1 80	100	2 40	3 »	4 20	5 10
2 40	3 60	200	4 80	6 »	8 40	10 20
3 60	5 40	300	7 20	9 »	12 60	15 30
4 80	7 20	400	9 60	12 »	16 80	20 40
6 »	9 »	500	12 »	15 »	21 »	25 50
7 20	10 80	600	14 40	18 »	25 20	30 60
8 40	12 60	700	16 80	21 »	29 40	35 70
9 60	14 40	800	19 20	24 »	33 60	40 80
10 80	16 20	900	21 60	27 »	37 80	45 90
» »	18 »	1.000	24 »	30 »	42 »	51 »
12 »	36 »	2.000	48 »	60 »	84 »	102 »
24 »	54 »	3.000	72 »	90 »	126 »	153 »
36 »	72 »	4.000	96 »	120 »	168 »	204 »
48 »	90 »	5.000	120 »	150 »	210 »	255 »
60 »	108 »	6.000	144 »	180 »	252 »	306 »
72 »	126 »	7.000	168 »	210 »	294 »	357 »
84 »	144 »	8.000	192 »	240 »	336 »	408 »
96 »	162 »	9.000	216 »	270 »	378 »	459 »
108 »	108 »	10.000	» »	300 »	420 »	510 »
»	288 »	20.000	»	600 »	840 »	1.020 »
»	468 »	30.000	»	900 »	1.260 »	1.530 »
»	648 »	40.000	»	1.200 »	1.680 »	2.040 »
»	828 »	50.000	828 »	1.500 »	2.100 »	2.550 »
»	»	60.000	1.068 »	1.800 »	2.520 »	3.060 »
»	»	70.000	1.308 »	2.100 »	2.940 »	3.570 »
»	»	80.000	1.548 »	2.400 »	3.360 »	4.080 »
»	»	90.000	1.788 »	2.700 »	3.780 »	4.590 »
»	»	100.000	2.028 »	2.028 »	» »	»
»	»	200.000	»	5.028 »	»	»
»	»	250.000	»	6.528 »	6.528 »	»
»	»	260.000	»	»	6.948 »	»
»	»	270.000	»	»	7.368 »	»
»	»	280.000	»	»	7.788 »	»
»	»	290.000	»	»	8.208 »	»
»	»	300.000	»	»	8.628 »	»
»	»	400.000	»	»	12.828 »	»
»	»	500.000	»	»	17.028 »	17.028 »
»	»	600.000	»	»	»	22.128 »
»	»	700.000	»	»	»	27.228 »
»	»	800.000	»	»	»	32.328 »
»	»	900.000	»	»	»	37.428 »
»	»	1.000.000	»	»	»	42.528 »

UN

ENFANT VIVANT
OU REPRÉSENTÉ

TAXE SUCCESSORALE

(L. 25 Juin 1920, art. 29, double décime compris)

CAPITAL NET GLOBAL DE :

1 à 2.000		2.001 à 10.000 2.40 % D. C.	10.001 à 50.000 3.60 % D. C.	CAPITAL IMPOSABLE	50.001 à 100.000 4.80 % D. C.	100.001 à 250.000 6 % D. C.	250.001 à 500.000 7.80 % D. C.	500.001 à 1.000.000 9.60 % D. C.
Capital Imposable	Droits 1.20 % D. C.							
1	0 02	0 48	0 72	20	0 96	1 20	1 56	1 92
2	0 03	0 96	1 44	40	1 92	2 40	3 12	3 84
3	0 04	1 44	2 16	60	2 88	3 60	4 68	5 76
4	0 05	1 92	2 88	80	3 84	4 80	6 24	7 68
5	0 06							
6	0 08	2 40	3 60	100	4 80	6 »	7 80	9 60
7	0 09	4 80	7 20	200	9 60	12 »	15 60	19 20
8	0 10	7 20	10 80	300	14 40	18 »	23 40	28 80
9	0 11	9 60	14 40	400	19 20	24 »	31 20	38 40
10	0 12	12 »	18 »	500	24 »	30 »	39 »	48 »
		14 40	21 60	600	28 80	36 »	46 80	57 60
11	0 14	16 80	25 20	700	33 60	42 »	54 60	67 20
12	0 15	19 20	28 80	800	38 40	48 »	62 40	76 80
13	0 16	21 60	32 40	900	43 20	54 »	70 20	86 40
14	0 17							
15	0 18	»	36 »	1.000	48 »	60 »	78 »	96 »
16	0 20	24 »	72 »	2.000	96 »	120 »	156 »	192 »
17	0 21	48	108 »	3.000	144 »	180 »	234 »	288 »
18	0 22	72 »	144 »	4.000	192 »	240 »	312 »	384 »
19	0 23	96 »	180 »	5.000	240 »	300 »	390 »	480 »
20	0 24	120 »	216 »	6.000	288 »	360 »	468 »	576 »
		144 »	252 »	7.000	3 6 »	420 »	546 »	672 »
30	0 36	168 »	288 »	8.000	384 »	480 »	624 »	768 »
40	0 48	192 »	324 »	9.000	432 »	540 »	702 »	864 »
50	0 60	216 »	216 »	10.000	»	600 »	780 »	960 »
60	0 72							
70	0 84	»	576 »	20.000	»	1.200 »	1.560 »	1.920 »
80	0 96	»	936 »	30.000	»	1.800 »	2.340 »	2.880 »
90	1 08	»	1.296 »	40.000	»	2.400 »	3.120 »	3.840 »
100	1 20	»	1.656 »	50.000	1.656 »	3.000 »	3.900 »	4.800 »
		»	»	60.000	2.136 »	3.600 »	4.680 »	5.760 »
200	2 40	»	»	70.000	2.616 »	4.200 »	5.460 »	6.720 »
300	3 60	»	»	80.000	3.096 »	4.800 »	6.240 »	7.680 »
400	4 80	»	»	90.000	3.576 »	5.400 »	7.020 »	8.640 »
500	6 »	»	»	100.000	4.056 »	4.056 »	»	»
600	7 20							
700	8 40	»	»	200.000	»	10.056 »	»	»
800	9 60	»	»	250.000	»	13.056 »	13.056 »	»
900	10 80	»	»	260.000	»	»	13.836 »	»
1.000	12 »	»	»	270.000	»	»	14.616 »	»
1.100	13 20	»	»	280.000	»	»	15.396 »	»
1.200	14 40	»	»	290.000	»	»	16.176 »	»
1.300	15 60	»	»	300.000	»	»	16.956 »	»
1.400	16 80	»	»	400.000	»	»	24.756 »	»
1.500	18 »	»	»	500.000	»	»	32.556 »	32.556 »
1.600	19 20	»	»	600.000	»	»	»	42.156 »
1.700	20 40	»	»	700.000	»	»	»	51.756 »
1.800	21 60	»	»	800.000	»	»	»	61.356 »
1.900	22 80	»	»	900.000	»	»	»	70.956 »
2.000	24 »	»	»	1.000.000	»	»	»	80.556 »

TAXE SUCCESSORALE

(L. 25 Juin 1920, art. 29, double décime compris)

PAS D'ENFANT VIVANT OU REPRÉSENTÉ

CAPITAL NET GLOBAL DE :

1 à 2.000	
Capital Imposable	Droits 3.60 % D. C.
1	0 04
2	0 08
3	0 11
4	0 15
5	0 18
6	0 22
7	0 26
8	0 29
9	0 33
10	0 36
11	0 40
12	0 44
13	0 47
14	0 51
15	0 54
16	0 58
17	0 62
18	0 65
19	0 69
20	0 72
30	1 08
40	1 44
50	1 80
60	2 16
70	2 52
80	2 88
90	3 24
100	3 60
200	7 20
300	10 80
400	14 40
500	18 »
600	21 60
700	25 20
800	28 80
900	32 40
1.000	36 »
1.100	39 60
1.200	43 20
1.300	46 80
1.400	50 40
1.500	54 »
1.600	57 60
1.700	61 20
1.800	64 80
1.900	68 40
2.000	72 »

2.001 à 10.000 7.20 % D. C.	10.001 à 50.000 10.80 % D. C.	CAPITAL IMPOSABLE	50.001 à 100.000 14.40 % D. C.	100.001 à 250.000 18 % D. C.	250.001 à 500.000 21.60 % D. C.	500.001 à 1.000.000 25.20 % D. C.
1 44	2 16	20	2 88	3 60	4 32	5 04
2 88	4 32	40	5 76	7 20	8 64	10 08
4 32	6 48	60	8 64	10 80	12 96	15 12
5 76	8 64	80	11 52	14 40	17 28	20 16
7 20	10 80	100	14 40	18 »	21 60	25 20
14 40	21 60	200	28 80	36 »	43 20	50 40
21 60	32 40	300	43 20	54 »	64 80	75 60
28 80	43 20	400	57 60	72 »	86 40	100 80
36 »	54 »	500	72 »	90 »	108 »	126 »
43 20	64 80	600	86 40	108 »	129 60	151 20
50 40	75 60	700	100 80	126 »	151 20	176 40
57 60	86 40	800	115 20	144 »	172 80	201 60
64 80	97 20	900	129 60	162 »	194 40	226 80
»	108 »	1.000	144 »	180 »	216 »	252 »
72 »	216 »	2.000	288 »	360 »	432 »	504 »
144 »	324 »	3.000	432 »	540 »	648 »	756 »
216 »	432 »	4.000	576 »	720 »	864 »	1.008 »
288 »	540 »	5.000	720 »	900 »	1.080 »	1.260 »
360 »	648 »	6.000	864 »	1.080 »	1.296 »	1.512 »
432 »	756 »	7.000	1.008 »	1.260 »	1.512 »	1.764 »
504 »	864 »	8.000	1.152 »	1.440 »	1.728 »	2.016 »
576 »	972 »	9.000	1.296 »	1.620 »	1.944 »	2.268 »
648 »	648 »	10.000	»	1.800 »	2.160 »	2.520 »
»	1.728 »	20.000	»	3.600 »	4.320 »	5.040 »
»	2.808 »	30.000	»	5.400 »	6.480 »	7.560 »
»	3.888 »	40.000	»	7.200 »	8.640 »	10.080 »
»	4.968 »	50.000	4.968 »	9.000 »	10.800 »	12.600 »
»	»	60.000	6.408 »	10.800 »	12.960 »	15.120 »
»	»	70.000	7.848 »	12.600 »	15.120 »	17.640 »
»	»	80.000	9.288 »	14.[illegible]00 »	17.280 »	20.160 »
»	»	90.000	10.728 »	16.200 »	19.440 »	22.680 »
»	»	100.000	12.168 »	12.168 »	»	»
»	»	200.000	»	30.168 »	»	»
»	»	250.000	»	39.168 »	39.168 »	»
»	»	260.000	»	»	41.328 »	»
»	»	270.000	»	»	43.488 »	»
»	»	280.000	»	»	45.648 »	»
»	»	290.000	»	»	47.808 »	»
»	»	300.000	»	»	49.968 »	»
»	»	400.000	»	»	71.568 »	»
»	»	500.000	»	»	93.168 »	93.168 »
»	»	600.000	»	»	»	118.368 »
»	»	700.000	»	»	»	143.568 »
»	»	800.000	»	»	»	168.768 »
»	»	900.000	»	»	»	193.968 »
»	»	1.000.000	»	»	»	219.168 »

SUCCESSIONS

n'excédant pas **25.000** fr.

(L. 25 Juin 1920, art. 33)

Droits de Mutation par Décès

Parts nettes ne dépassant pas 10.000 francs

1° Parts nettes comprises entre 1 et 2.000 francs

(Tarif de la loi du 8 Avril 1910 - Double décime compris)

Ligne directe au 1er degré 1,20 % d.c.	Ligne directe au 2e degré et époux 1,80 % d.c.	CAPITAL IMPOSABLE	Ligne directe au delà du 2e degré 2,40 % d.c.	Frères et sœurs 12 % d.c.	Oncles tantes neveux et nièces 14,40 % d.c.	CAPITAL IMPOSABLE	Grands oncles petits neveux et cousins germains 18 % d.c.	Parents au delà du 4e degré non parents départ. etc. 21,60 % d.c.
0 02	0 02	1	0 03	0 12	0 15	1	0 18	0 22
0 03	0 04	2	0 05	0 24	0 29	2	0 36	0 44
0 04	0 06	3	0 08	0 36	0 44	3	0 54	0 65
0 05	0 08	4	0 10	0 48	0 58	4	0 72	0 87
0 06	0 09	5	0 12	0 60	0 72	5	0 90	1 08
0 08	0 11	6	0 15	0 72	0 87	6	1 08	1 30
0 09	0 13	7	0 17	0 84	1 01	7	1 26	1 52
0 10	0 15	8	0 20	0 96	1 16	8	1 44	1 73
0 11	0 17	9	0 22	1 08	1 30	9	1 62	1 95
0 12	0 18	10	0 24	1 20	1 44	10	1 80	2 16
0 14	0 20	11	0 27	1 32	1 59	11	1 98	2 38
0 15	0 22	12	0 29	1 44	1 73	12	2 16	2 60
0 16	0 24	13	0 32	1 56	1 88	13	2 34	2 81
0 17	0 26	14	0 34	1 68	2 02	14	2 52	3 03
0 18	0 27	15	0 36	1 80	2 16	15	2 70	3 24
0 20	0 29	16	0 39	1 92	2 31	16	2 88	3 46
0 21	0 31	17	0 41	2 04	2 45	17	3 06	3 68
0 22	0 33	18	0 44	2 16	2 60	18	3 24	3 89
0 23	0 35	19	0 46	2 28	2 74	19	3 42	4 11
0 24	0 36	20	0 48	2 40	2 88	20	3 60	4 32
0 36	0 54	30	0 72	3 60	4 32	30	5 40	6 48
0 48	0 72	40	0 96	4 80	5 76	40	7 20	8 64
0 60	0 90	50	1 20	6 »	7 20	50	9 »	10 80
0 72	1 08	60	1 44	7 20	8 64	60	10 80	12 96
0 84	1 26	70	1 68	8 40	10 08	70	12 60	15 12
0 96	1 44	80	1 92	9 60	11 52	80	14 40	17 28
1 08	1 62	90	2 16	10 80	12 96	90	16 20	19 44
1 20	1 80	100	2 40	12 »	14 40	100	18 »	21 60
2 40	3 60	200	4 80	24 »	28 80	200	36 »	43 20
3 60	5 40	300	7 20	36 »	43 20	300	54 »	64 80
4 80	7 20	400	9 60	48 »	57 60	400	72 »	86 40
6 »	9 »	500	12 »	60 »	72 »	500	90 »	108 »
7 20	10 80	600	14 40	72 »	86 40	600	108 »	129 60
8 40	12 60	700	16 80	84 »	100 80	700	126 »	151 20
9 60	14 40	800	19 20	96 »	115 20	800	144 »	172 80
10 80	16 20	900	21 60	108 »	129 60	900	162 »	194 40
12 »	18 »	1.000	24 »	120 »	144 »	1.000	180 »	216 »
13 20	19 80	1.100	26 40	132 »	158 40	1.100	198 »	237 60
14 40	21 60	1.200	28 80	144 »	172 80	1.200	216 »	259 20
15 60	23 40	1.300	31 20	156 »	187 20	1.300	234 »	280 80
16 80	25 20	1.400	33 60	168 »	201 60	1.400	252 »	302 40
18 »	27 »	1.500	36 »	180 »	216 »	1.500	270 »	324 »
19 20	28 80	1.600	38 40	192 »	230 40	1.600	288 »	345 60
20 40	30 60	1.700	40 80	204 »	244 80	1.700	306 »	367 20
21 60	32 40	1.800	43 20	216 »	259 20	1.800	324 »	388 80
22 80	34 20	1.900	45 60	228 »	273 60	1.900	342 »	410 40
24 »	36 »	2.000	48 »	240 »	288 »	2.000	360 »	432 »

Droits de Mutation par Décès

Parts nettes ne dépassant pas 10.000 francs

SUCCESSIONS
n'excédant pas **25.000** fr.
(L. 25 Juin 1920, art. 33)

2° Parts nettes comprises entre 2.000 et 10.000 francs

(Tarif de la loi du 8 Avril 1910 - Double décime compris)

Ligne directe au 1er degré 1,80 % d.c.	Ligne directe au 2e degré et époux 2,40 % d.c.	CAPITAL IMPOSABLE	Ligne directe au delà du 2e degré 3 % d.c.	Frères et sœurs 12,90 % d.c.	Oncles, tantes neveux et nièces 15,60 % d.c.	CAPITAL IMPOSABLE	Grands oncles petits neveux et cousins germains 19,20 % d.c.	Parents au delà du 4e degré non parents départs etc. 22,80 % d.c.
0 36	0 48	20	0 60	2 58	3 12	20	3 84	4 56
0 72	0 96	40	1 20	5 16	6 24	40	7 68	9 12
1 08	1 44	60	1 80	7 74	9 36	60	11 52	13 68
1 44	1 92	80	2 40	10 32	12 48	80	15 36	18 24
1 80	2 40	100	3 »	12 90	15 60	100	19 20	22 80
3 60	4 80	200	6 »	25 80	31 20	200	38 40	45 60
5 40	7 20	300	9 »	38 70	46 80	300	57 60	68 40
7 20	9 60	400	12 »	51 60	62 40	400	76 80	91 20
9 »	12 »	500	15 »	64 50	78 »	500	96 »	114 »
10 80	14 40	600	18 »	77 40	93 60	600	115 20	136 80
12 60	16 80	700	21 »	90 30	109 20	700	134 40	159 60
14 40	19 20	800	24 »	103 20	124 80	800	153 60	182 40
16 20	21 60	900	27 »	116 10	140 40	900	172 80	205 20
24 »	36 »	2.000	48 »	240 »	288 »	2.000	360 »	432 »
42 »	60 »	3.000	78 »	369 »	444 »	3.000	552 »	660 »
60 »	84 »	4.000	108 »	498 »	600 »	4.000	744 »	888 »
78 »	108 »	5.000	138 »	627 »	756 »	5.000	936 »	1.116 »
96 »	132 »	6.000	168 »	756 »	912 »	6.000	1.128 »	1.344 »
114 »	156 »	7.000	198 »	885 »	1.068 »	7.000	1.320 »	1.572 »
132 »	180 »	8.000	228 »	1.014 »	1.224 »	8.000	1.512 »	1.800 »
150 »	204 »	9.000	258 »	1.143 »	1.380 »	9.000	1.704 »	2.028 »
168 »	228 »	10.000	288 »	1.272 »	1.536 »	10.000	1.896 »	2.256 »

VALEUR DE L'USUFRUIT ET DE LA NUE-PROPRIÉTÉ

Age de l'Usufruitier	Valeur de l'Usufruit	Valeur de la Nue-Propriété
Moins de 20 ans révolus	7/10 de la propriété entière	3/10 de la propriété entière
» 30 »	6/10 » »	4/10 » »
» 40 »	5/10 » »	5/10 » »
» 50 »	4/10 » »	6/10 » »
» 60 »	3/10 » »	7/10 » »
» 70 »	2/10 » »	8/10 » »
Plus de 70 »	1/10 » »	9/10 » »

DESCENDANTS

1er degré

Droits de Mutation par Décès

(L. 25 Juin 1920, art. 30, double décime compris)

PART NETTE DE :

1 à 2.000	
Capital Imposable	Droits 1.20 % D.C.
1	0 02
2	0 03
3	0 04
4	0 05
5	0 06
6	0 08
7	0.09
8	0 10
9	0 11
10	0 12
11	0 14
12	0 15
13	0 16
14	0 17
15	0 18
16	0 20
17	0 21
18	0 22
19	0 23
20	0 24
30	0 36
40	0 48
50	0 60
60	0 72
70	0 84
80	0 96
90	1 08
100	1 20
200	2 40
300	3 60
400	4 80
500	6 »
600	7 20
700	8 40
800	9 60
900	10 80
1.000	12 »
1.100	13 20
1.200	14 40
1.300	15 60
1.400	16 80
1.500	18 »
1.600	19 20
1.700	20 40
1.800	21 60
1.900	22 80
2.000	24 »

2.001 à 10.000 2.40 % D. C.	10.001 à 50.000 3.60 % D. C.	CAPITAL IMPOSABLE	50.001 à 100.000 4.80 % D. C.	100.001 à 250.000 6 % D. C.	250.001 à 500.000 7.20 % D. C.	500.001 à 1.000.000 8.40 % D. C.
0 48	0 72	20	0 96	1 20	1 44	1 68
0 96	1 44	40	1 92	2 40	2 88	3 36
1 44	2 16	60	2 88	3 60	4 32	5 04
1 92	2 88	80	3 84	4 80	5 76	6 72
2 40	3 60	100	4 80	6 »	7 20	8 40
4 80	7 20	200	9 60	12 »	14 40	16 80
7 20	10 80	300	14 40	18 »	21 60	25 20
9 60	14 40	400	19 20	24 »	28 80	33 60
12 »	18 »	500	24 »	30 »	36 »	42 »
14 40	21 60	600	28 80	36 »	43 20	50 40
16 80	25 20	700	33 60	42 »	50 40	58 80
19 20	28 80	800	38 40	48 »	57 60	67 20
21 60	32 40	900	43 20	54 »	64 80	75 60
» »	36 »	1.000	48 »	60 »	72 »	84 »
24 »	72 »	2.000	96 »	120 »	144 »	168 »
48 »	108 »	3.000	144 »	180 »	216 »	252 »
72 »	144 »	4.000	192 »	240 »	288 »	336 »
96 »	180 »	5.000	240 »	300 »	360 »	420 »
120 »	216 »	6.000	288 »	360 »	432 »	504 »
144 »	252 »	7.000	336 »	420 »	504 »	588 »
168 »	288 »	8.000	384 »	480 »	576 »	672 »
192 »	324 »	9.000	432 »	540 »	648 »	756 »
216 »	216 »	10.000	»	600 »	720 »	840 »
»	576 »	20.000	»	1.200 »	1.440 »	1.680 »
»	936 »	30.000	»	1.800 »	2.160 »	2.520 »
»	1.296 »	40.000	»	2.400 »	2.880 »	3.360 »
»	1.656 »	50.000	1.656 »	3.000 »	3.600 »	4.200 »
»	»	60.000	2.136 »	3.600 »	4.320 »	5.040 »
»	»	70.000	2.616 »	4.200 »	5.040 »	5.880 »
»	»	80.000	3.096 »	4.800 »	5.760 »	6.720 »
»	»	90.000	3.576 »	5.400 »	6.480 »	7.560 »
»	»	100.000	4.056 »	4.056 »	»	»
»	»	200.000	»	10.056 »	»	»
»	»	250.000	»	13.056 »	13.056 »	»
»	»	260.000	»	»	13.776 »	»
»	»	270.000	»	»	14.496 »	»
»	»	280.000	»	»	15.216 »	»
»	»	290.000	»	»	15.936 »	»
»	»	300.000	»	»	16.656 »	»
»	»	400.000	»	»	23.856 »	»
»	»	500.000	»	»	31.056 »	31.056 »
»	»	600.000	»	»	»	39.456 »
»	»	700.000	»	»	»	47.856 »
»	»	800.000	»	»	»	56.256 »
»	»	900.000	»	»	»	64.656 »
»	»	1.000.000	»	»	»	73.056 »

Droits de Mutation par Décès

(L. 25 Juin 1920, art. 30, double décime compris)

Descendants 2e degré

EPOUX

PART NETTE DE :

1 à 2.000	
Capital Imposable	Droits 1,80 °/o D.C.
1	0 02
2	0 04
3	0 06
4	0 08
5	0 09
6	0 11
7	0 13
8	0 15
9	0 17
10	0 18
11	0 20
12	0 22
13	0 24
14	0 26
15	0 27
16	0 29
17	0 31
18	0 33
19	0 35
20	0 36
30	0 54
40	0 72
50	0 90
60	1 08
70	1 26
80	1 44
90	1 62
100	1 80
200	3 60
300	5 40
400	7 20
500	9 »
600	10 80
700	12 60
800	14 40
900	16 20
1.000	18 »
1.100	19 80
1.200	21 60
1.300	23 40
1.400	25 20
1.500	27 »
1.600	28 80
1.700	30 60
1.800	32 40
1.900	34 20
2.000	36 »

2.001 à 10.000 3 °/o D. C.	10.001 à 50.000 4,20 °/o D. C.	CAPITAL IMPOSABLE	50.001 à 100.000 5,40 °/o D. C.	100.001 à 250.000 6,60 °/o D. C.	250.001 à 500.000 7,80 °/o D. C.	500.001 à 1.000.000 9 °/o D. C.
0 60	0 84	20	1 08	1 32	1 56	1 80
1 20	1 68	40	2 16	2 64	3 12	3 60
1 80	2 52	60	3 24	3 96	4 68	5 40
2 40	3 36	80	4 32	5 28	6 24	7 20
3 »	4 20	100	5 40	6 60	7 80	9 »
6 »	8 40	200	10 80	13 20	15 60	18 »
9 »	12 60	300	16 20	19 80	23 40	27 »
12 »	16 80	400	21 60	26 40	31 20	36 »
15 »	21 »	500	27 »	33 »	39 »	45 »
18 »	25 20	600	32 40	39 60	46 80	54 »
21 »	29 40	700	37 80	46 20	54 60	63 »
24 »	33 60	800	43 20	52 80	62 40	72 »
27 »	37 80	900	48 60	59 40	70 20	81 »
» »	42 »	1.000	54 »	66 »	78 »	90 »
36 »	84 »	2.000	108 »	132 »	156 »	180 »
66 »	126 »	3.000	162 »	198 »	234 »	270 »
96 »	168 »	4.000	216 »	264 »	312 »	360 »
126 »	210 »	5.000	270 »	330 »	390 »	450 »
156 »	252 »	6.000	324 »	396 »	468 »	540 »
186 »	294 »	7.000	378 »	462 »	546 »	630 »
216 »	336 »	8.000	432 »	528 »	624 »	720 »
246 »	378 »	9.000	486 »	594 »	702 »	810 »
276 »	276 »	10.000	» »	660 »	780 »	900 »
»	696 »	20.000	»	1.320 »	1.560 »	1.800 »
»	1.116 »	30.000	»	1.980 »	2.340 »	2.700 »
»	1.536 »	40.000	»	2.640 »	3.120 »	3.600 »
»	1.956 »	50.000	1.956 »	3.300 »	3.900 »	4.500 »
»	»	60.000	2.496 »	3.960 »	4.680 »	5.400 »
»	»	70.000	3.036 »	4.620 »	5.460 »	6.300 »
»	»	80.000	3.576 »	5.280 »	6.240 »	7.200 »
»	»	90.000	4.116 »	5.940 »	7.020 »	8.100 »
»	»	100.000	4.656 »	4.656 »	» »	»
»	»	200.000	»	11.256 »	»	»
»	»	250.000	»	14.556 »	14.556 »	»
»	»	260.000	»	»	15.336 »	»
»	»	270.000	»	»	16.116 »	»
»	»	280.000	»	»	16.896 »	»
»	»	290.000	»	»	17.676 »	»
»	»	300.000	»	»	18.456 »	»
»	»	400.000	»	»	26.256 »	»
»	»	500.000	»	»	34.056 »	34.056 »
»	»	600.000	»	»	»	43.056 »
»	»	700.000	»	»	»	52.056 »
»	»	800.000	»	»	»	61.056 »
»	»	900.000	»	»	»	70.056 »
»	»	1.000.000	»	»	»	79.056 »

ASCENDANTS

1er degré

Droits de Mutation par Décès

(L. 25 Juin 1920, art. 80, double décime compris)

PART NETTE DE :

1 à 2.000	
Capital Imposable	Droits 3 % D.C.
1	0 03
2	0 06
3	0 09
4	0 12
5	0 15
6	0 18
7	0 21
8	0 24
9	0 27
10	0 30
11	0 33
12	0 36
13	0 39
14	0 42
15	0 45
16	0 48
17	0 51
18	0 54
19	0 57
20	0 60
30	0 90
40	1 20
50	1 50
60	1 80
70	2 10
80	2 40
90	2 70
100	3 »
200	6 »
300	9 »
400	12 »
500	15 »
600	18 »
700	21 »
800	24 »
900	27 »
1.000	30 »
1.100	33 »
1.200	36 »
1.300	39 »
1.400	42 »
1.500	45 »
1.600	48 »
1.700	51 »
1.800	54 »
1.900	57 »
2.000	60 »

2.001 à 10.000 4.20 % D. C.	10.001 à 50.000 5.40 % D. C.	CAPITAL IMPOSABLE	50.001 à 100.000 6.60 % D. C.	100.001 à 250.000 7.80 % D. C.	250.001 à 500.000 9 % D. C.	500.001 à 1.000.000 10.20 % D. C.
0 84	1 08	20	1 32	1 56	1 80	2 04
1 68	2 16	40	2 64	3 12	3 60	4 08
2 52	3 24	60	3 96	4 68	5 40	6 12
3 36	4 32	80	5 28	6 24	7 20	8 16
4 20	5 40	100	6 60	7 80	9 »	10 20
8 40	10 80	200	13 20	15 60	18 »	20 40
12 60	16 20	300	19 80	23 40	27 »	30 60
16 80	21 60	400	26 40	31 20	36 »	40 80
21 »	27 »	500	33 »	39 »	45 »	51 »
25 20	32 40	600	39 60	46 80	54 »	61 20
29 40	37 80	700	46 20	54 60	63 »	71 40
33 60	43 20	800	52 80	62 40	72 »	81 60
37 80	48 60	900	59 40	70 20	81 »	91 80
» »	54 »	1.000	66 »	78 »	90 »	102 »
60 »	108 »	2.000	132 »	156 »	180 »	204 »
102 »	162 »	3.000	198 »	234 »	270 »	306 »
144 »	216 »	4.000	264 »	312 »	360 »	408 »
186 »	270 »	5.000	330 »	390 »	450 »	510 »
228 »	324 »	6.000	396 »	468 »	540 »	612 »
270 »	378 »	7.000	462 »	546 »	630 »	714 »
212 »	432 »	8.000	528 »	624 »	720 »	816 »
354 »	486 »	9.000	594 »	702 »	810 »	918 »
396 »	396 »	10.000	»	780 »	900 »	1.020 »
»	936 »	20.000	»	1.560 »	1.800 »	2.040 »
»	1.476 »	30.000	»	2.340 »	2.700 »	3.060 »
»	2.016 »	40.000	»	3.120 »	3.600 »	4.080 »
»	2.556 »	50.000	2.556 »	3.900 »	4.500 »	5.100 »
»	»	60.000	3.216 »	4.680 »	5.400 »	6.120 »
»	»	70.000	3.876 »	5.460 »	6.300 »	7.140 »
»	»	80.000	4.536 »	6.240 »	7.200 »	8.160 »
»	»	90.000	5.196 »	7.020 »	8.100 »	9.180 »
»	»	100.000	5.856 »	5.856 »	»	»
»	»	200.000	»	13.656 »	»	»
»	»	250.000	»	17.556 »	17.556 »	»
»	»	260.000	»	»	18.456 »	»
»	»	270.000	»	»	19.356 »	»
»	»	280.000	»	»	20.256 »	»
»	»	290.000	»	»	21.156 »	»
»	»	300.000	»	»	22.056 »	»
»	»	400.000	»	»	31.056 »	»
»	»	500.000	»	»	40.056 »	40.056 »
»	»	600.000	»	»	»	50.256 »
»	»	700.000	»	»	»	60.456 »
»	»	800.000	»	»	»	70.656 »
»	»	900.000	»	»	»	80.856 »
»	»	1.000.000	»	»	»	91.056 »

Droits de Mutation par Décès — ASCENDANTS 2e degré

(L. 25 Juin 1920, art. 30, double décime compris)

PART NETTE DE :

1 à 2.000 — Capital Imposable	Droits 3,60 % D. C.
1	0 04
2	0 08
3	0 11
4	0 15
5	0 18
6	0 22
7	0 26
8	0 29
9	0 33
10	0 36
11	0 40
12	0 44
13	0 47
14	0 51
15	0 54
16	0 58
17	0 62
18	0 65
19	0 69
20	0 72
30	1 08
40	1 44
50	1 80
60	2 16
70	2 52
80	2 88
90	3 24
100	3 60
200	7 20
300	10 80
400	14 40
500	18 »
600	21 60
700	25 20
800	28 80
900	32 40
1.000	36 »
1.100	39 60
1.200	43 20
1.300	46 80
1.400	50 40
1.500	54 »
1.600	57 60
1.700	61 20
1.800	64 80
1.900	68 40
2.000	72 »

2.001 à 10.000 4,80 % D. C.	10.001 à 50.000 6 % D. C.	CAPITAL IMPOSABLE	50.001 à 100.000 7,20 % D. C.	100.001 à 250.000 8,40 % D. C.	250.001 à 500.000 9,60 % D. C.	500.001 à 1.000.000 10,80 % D. C.
0 96	1 20	20	1 44	1 68	1 92	2 16
1 92	2 40	40	2 88	3 36	3 84	4 32
2 88	3 60	60	4 32	5 04	5 76	6 48
3 84	4 80	80	5 76	6 72	7 68	8 64
4 80	6 »	100	7 20	8 40	9 60	10 80
9 60	12 »	200	14 40	16 80	19 20	21 60
14 40	18 »	300	21 60	25 20	28 80	32 40
19 20	24 »	400	28 80	33 60	38 40	43 20
24 »	30 »	500	36 »	42 »	48 »	54 »
28 80	36 »	600	43 20	50 40	57 60	64 80
33 60	42 »	700	50 40	58 80	67 20	75 60
38 40	48 »	800	57 60	67 20	76 80	86 40
43 20	54 »	900	64 80	75 60	86 40	97 20
» »	60 »	1.000	72 »	84 »	96 »	108 »
72 »	120 »	2.000	144 »	168 »	192 »	216 »
120 »	180 »	3.000	216 »	252 »	288 »	324 »
168 »	240 »	4.000	288 »	336 »	384 »	432 »
216 »	300 »	5.000	360 »	420 »	480 »	540 »
264 »	360 »	6.000	432 »	504 »	576 »	648 »
312 »	420 »	7.000	504 »	588 »	672 »	756 »
360 »	480 »	8.000	576 »	672 »	768 »	864 »
408 »	540 »	9.000	648 »	756 »	864 »	972 »
456 »	456 »	10.000	» »	840 »	960 »	1.080 »
»	1.056 »	20.000	»	1.680 »	1.920 »	2.160 »
»	1.656 »	30.000	»	2.520 »	2.880 »	3.240 »
»	2 256 »	40.000	»	3.360 »	3.840 »	4.320 »
»	2.856 »	50.000	2.856 »	4.200 »	4.800 »	5.400 »
»	»	60.000	3.576 »	5.040 »	5.760 »	6.480 »
»	»	70.000	4.296 »	5.880 »	6.720 »	7.560 »
»	»	80.000	5.016 »	6.720 »	7.680 »	8.640 »
»	»	90.000	5.736 »	7.560 »	8.640 »	9.720 »
»	»	100.000	6.456 »	6.456 »	» »	»
»	»	200.000	»	14.856 »	»	»
»	»	250.000	»	19.056 »	19.056 »	»
»	»	260.000	»	»	20.016 »	»
»	»	270.000	»	»	20.976 »	»
»	»	280.000	»	»	21.936 »	»
»	»	290.000	»	»	22.896 »	»
»	»	300.000	»	»	23.856 »	»
»	»	400.000	»	»	33.456 »	»
»	»	500.000	»	»	43.056 »	43.056 »
»	»	600.000	»	»	»	53.856 »
»	»	700.000	»	»	»	64.656 »
»	»	800.000	»	»	»	75.456 »
»	»	900.000	»	»	»	86.256 »
»	»	1.000.000	»	»	»	97.056 »

FRÈRES et SŒURS

Droits de Mutation par Décès

(L. 25 Juin 1920, art. 30, double décime compris)

1 à 2.000	
Capital Imposable	Droits 12 °/o D. C.
1	0 12
2	0 24
3	0 36
4	0 48
5	0 60
6	0 72
7	0 84
8	0 96
9	1 08
10	1 20
11	1 32
12	1 44
13	1 56
14	1 68
15	1 80
16	1 92
17	2 04
18	2 16
19	2 28
20	2 40
30	3 60
40	4 80
50	6 »
60	7 20
70	8 40
80	9 60
90	10 80
100	12 »
200	24 »
300	36 »
400	48 »
500	60 »
600	72 »
700	84 »
800	96 »
900	108 »
1.000	120 »
1.100	132 »
1.200	144 »
1.300	156 »
1.400	168 »
1.500	180 »
1.600	192 »
1.700	204 »
1.800	216 »
1.900	228 »
2.000	240 »

PART NETTE DE :

2.001 à 10.000 14.40 °/o D. C.	10.001 à 50.000 16.80 °/o D. C.	CAPITAL IMPOSABLE	50.001 à 100.000 19.20 °/o D. C.	100.001 à 250.000 22.80 °/o D. C.	250.001 à 500.000 26.40 °/o D. C.	500.001 à 1.000.000 30 °/o D. C.
2 88	3 36	20	3 84	4 56	5 28	6 »
5 76	6 72	40	7 68	9 12	10 56	12 »
8 64	10 08	60	11 52	13 68	15 84	18 »
11 52	13 44	80	15 36	18 24	21 12	24 »
14 40	16 80	100	19 20	22 80	26 40	30 »
28 80	33 60	200	38 40	45 60	52 80	60 »
43 20	50 40	300	57 60	68 40	79 20	90 »
57 60	67 20	400	76 80	91 20	105 60	120 »
72 »	84 »	500	96 »	114 »	132 »	150 »
86 40	100 80	600	115 20	136 80	158 40	180 »
100 80	117 60	700	134 40	159 60	184 80	210 »
115 20	134 40	800	153 60	182 40	211 20	240 »
129 60	151 20	900	172 80	205 20	237 60	270 »
»	168 »	1.000	192 »	228 »	264 »	300 »
240 »	336 »	2.000	384 »	456 »	528 »	600 »
384 »	504 »	3.000	576 »	684 »	792 »	900 »
528 »	672 »	4.000	768 »	912 »	1.056 »	1.200 »
672 »	840 »	5.000	960 »	1.140 »	1.320 »	1.500 »
816 »	1.008 »	6.000	1.152 »	1.368 »	1.584 »	1.800 »
960 »	1.176 »	7.000	1.344 »	1.596 »	1.848 »	2.100 »
1 104 »	1.344 »	8.000	1.536 »	1.824 »	2.112 »	2.400 »
1.248 »	1.512 »	9.000	1.728 »	2.052 »	2.376 »	2.700 »
1.392 »	1.392 »	10.000	»	2.280 »	2.640 »	3 000 »
»	3.072 »	20.000	»	4.560 »	5.280 »	6.000 »
»	4.752 »	30.000	»	6.840 »	7.920 »	9.000 »
»	6.432 »	40.000	»	9.120 »	10.560 »	12.000 »
»	8.112 »	50.000	8.112 »	11.400 »	13.200 »	15.000 »
»	»	60.000	10.032 »	13.680 »	15.840 »	18.000 »
»	»	70.000	11.952 »	15.960 »	18.480 »	21.000 »
»	»	80.000	13.872 »	18.240 »	21.120 »	24.000 »
	»	90.000	15.792 »	20.520 »	23.760 »	27.000 »
»	»	100.000	17.712 »	17.712 »	»	»
»	»	200.000	»	40.512 »	»	»
»	»	250.000	»	51.912 »	51.912 »	»
»	»	260.000	»	»	54.552 »	»
»	»	270.000	»	»	57.192 »	»
»	»	280.000	»	»	59.832 »	»
»	»	290.000	»	»	62.472 »	»
»	»	300.000	»	»	65.112 »	»
»	»	400.000	»	»	91.512 »	»
»	»	500.000	»	»	117.912 »	117.912 »
»	»	600.000	»	»	»	147.912 »
»	»	700.000	»	»	»	177.912 »
»	»	800.000	»	»	»	207.912 »
»	»	900.000	»	»	»	237.912 »
»	»	1.000.000	»	»	»	267.912 »

Droits de Mutation par Décès

(L. 25 Juin 1920, art. 30, double décime compris)

ONCLES ou TANTES et NEVEUX ou NIÈCES

PART NETTE DE :

1 à 2.000	
Capital Imposable	Droits 18 % D. C.
1	0 18
2	0 36
3	0 54
4	0 72
5	0 90
6	1 08
7	1 26
8	1 44
9	1 62
10	1 80
11	1 98
12	2 16
13	2 34
14	2 52
15	2 70
16	2 88
17	3 06
18	3 24
19	3 42
20	3 60
30	5 40
40	7 20
50	9 »
60	10 80
70	12 60
80	14 40
90	16 20
100	18 »
200	36 »
300	54 »
400	72 »
500	90 »
600	108 »
700	126 »
800	144 »
900	162 »
1.000	180 »
1.100	198 »
1.200	216 »
1.300	234 »
1.400	252 »
1.500	270 »
1.600	288 »
1.700	306 »
1.800	324 »
1.900	342 »
2.000	360 »

2.001 à 10.000 20.40 % D. C.	10.001 à 50.000 22.80 % D. C.	CAPITAL IMPOSABLE	50.001 à 100.000 25.20 % D. C.	100.001 à 250.000 28.80 % D. C.	250.001 à 500.000 32.40 % D. C.	500.001 à 1.000.000 36 % D. C.
4 08	4 56	20	5 04	5 76	6 48	7 20
8 16	9 12	40	10 08	11 52	12 96	14 40
12 24	13 68	60	15 12	17 28	19 44	21 60
16 32	18 24	80	20 16	23 04	25 92	28 80
20 40	22 80	100	25 20	28 80	32 40	36 »
40 80	45 60	200	50 40	57 60	64 80	72 »
61 20	68 40	300	75 60	86 40	97 20	108 »
81 60	91 20	400	100 80	115 20	129 60	144 »
102 »	114 »	500	126 »	144 »	162 »	180 »
122 40	136 80	600	151 20	172 80	194 40	216 »
142 80	159 60	700	176 40	201 60	226 80	252 »
163 20	182 40	800	201 60	230 40	259 20	288 »
183 60	205 20	900	226 80	259 20	291 60	324 »
»	228 »	1.000	252 »	288 »	324 »	360 »
360 »	456 »	2.000	504 »	576 »	648 »	720 »
564 »	684 »	3.000	756 »	864 »	972 »	1.080 »
768 »	912 »	4.000	1.008 »	1.152 »	1.296 »	1.440 »
972 »	1.140 »	5.000	1.260 »	1.440 »	1.620 »	1.800 »
1 176 »	1.368 »	6.000	1.512 »	1.728 »	1.944 »	2.160 »
1.380 »	1.596 »	7.000	1.764 »	2.016 »	2.268 »	2.520 »
1.584 »	1.824 »	8.000	2.016 »	2.304 »	2.592 »	2.880 »
1.788 »	2.052 »	9.000	2.268 »	2.592 »	2.916 »	3.240 »
1.992 »	1.992 »	10.000	»	2.880 »	3.240 »	3 600 »
»	4.272 »	20.000	»	5.760 »	6.480 »	7.200 »
»	6.552 »	30.000	»	8.640 »	9.720 »	10.800 »
»	8.832 »	40.000	»	11.520 »	12.960 »	14.400 »
»	11.112 »	50.000	11.112 »	14.400 »	16.200 »	18.000 »
»	»	60.000	13.632 »	17.280 »	19.440 »	21.600 »
»	»	70.000	16.152 »	20.160 »	22.680 »	25.200 »
»	»	80.000	18.672 »	23.040 »	25.920 »	28.800 »
	»	90.000	21.192 »	25.920 »	29.160 »	32.400 »
»	»	100.000	23.712 »	23.712 »	»	»
»	»	200.000	»	52.512 »	»	»
»	»	250.000	»	66.912 »	66.912 »	»
»	»	260.000	»	»	70.152 »	»
»	»	270.000	»	»	73.392 »	»
»	»	280.000	»	»	76.632 »	»
»	»	290.000	»	»	79.872 »	»
»	»	300.000	»	»	83.112 »	»
»	»	400.000	»	»	115.512 »	»
»	»	500.000	»	»	147.912 »	147.912 »
»	»	600.000	»	»	»	183.912 »
»	»	700.000	»	»	»	219.912 »
»	»	800.000	»	»	»	255.912 »
»	»	900.000	»	»	»	291.912 »
»	»	1.000.000	»	»	»	327.912 »

Grands-Oncles ou Grand'Tantes et Petits-Neveux ou Petites-Nièces Cousins-Germains

Droits de Mutation par Décès

(L. 25 Juin 1920, art. 30, double décime compris)

PART NETTE DE :

1 à 2.000	
Capital Imposable	Droits 24 % D.C.
1	0 24
2	0 48
3	0 72
4	0 96
5	1 20
6	1 44
7	1 68
8	1 92
9	2 16
10	2 40
11	2 64
12	2 88
13	3 12
14	3 36
15	3 60
16	3 84
17	4 08
18	4 32
19	4 56
20	4 80
30	7 20
40	9 60
50	12 »
60	14 40
70	16 80
80	19 20
90	21 60
100	24 »
200	48 »
300	72 »
400	96 »
500	120 »
600	144 »
700	168 »
800	192 »
900	216 »
1.000	240 »
1.100	264 »
1.200	288 »
1.300	312 »
1.400	336 »
1.500	360 »
1.600	384 »
1.700	408 »
1.800	432 »
1.900	456 »
2.000	480 »

2.001 à 10.000 26,40 % D. C.	10.001 à 50.000 28,80 % D. C.	CAPITAL IMPOSABLE	50.001 à 100.000 31,20 % D. C.	100.001 à 250.000 34,80 % D. C.	250.001 à 500.000 38,40 % D. C.	500.001 à 1.000.000 42 % D. C.
5 28	5 76	20	6 24	6 96	7 68	8 40
10 56	11 52	40	12 48	13 92	15 36	16 80
15 84	17 28	60	18 72	20 88	23 04	25 20
21 12	23 04	80	24 96	27 84	30 72	33 60
26 40	28 80	100	31 20	34 80	38 40	42 »
52 80	57 60	200	62 40	69 60	76 80	84 »
79 20	86 40	300	93 60	104 40	115 20	126 »
105 60	115 20	400	124 80	139 20	153 60	168 »
132 »	144 »	500	156 »	174 »	192 »	210 »
158 40	172 80	600	187 20	208 80	230 40	252 »
184 80	201 60	700	218 40	243 60	268 80	294 »
211 20	230 40	800	249 60	278 40	307 20	336 »
237 60	259 20	900	280 80	313 20	345 60	378 »
» »	288 »	1.000	312 »	348 »	384 »	420 »
480 »	576 »	2.000	624 »	696 »	768 »	840 »
744 »	864 »	3.000	936 »	1.044 »	1.152 »	1.260 »
1.008 »	1.152 »	4.000	1.248 »	1.392 »	1.536 »	1.680 »
1.272 »	1.440 »	5.000	1.560 »	1.740 »	1.920 »	2.100 »
1.536 »	1.728 »	6.000	1.872 »	2.088 »	2.304 »	2.520 »
1.800 »	2.016 »	7.000	2.184 »	2.436 »	2.688 »	2.940 »
2.064 »	2.304 »	8.000	2.496 »	2.784 »	3.072 »	3.360 »
2.328 »	2.592 »	9.000	2.808 »	3.132 »	3.456 »	3.780 »
2.592 »	2.592 »	10.000	»	3.480 »	3.840 »	4.200 »
»	5.472 »	20.000	»	6.960 »	7.680 »	8.400 »
»	8.352 »	30.000	»	10.440 »	11.520 »	12.600 »
»	11.232 »	40.000	»	13.920 »	15.360 »	16.800 »
»	14.112 »	50.000	14.112 »	17.400 »	19.200 »	21.000 »
»	»	60.000	17.232 »	20.880 »	23.040 »	25.200 »
»	»	70.000	20.352 »	24.360 »	26.880 »	29.400 »
»	»	80.000	23.472 »	27.840 »	30.720 »	33.600 »
»	»	90.000	26.592 »	31.320 »	34.560 »	37.800 »
»	»	100.000	29.712 »	29.712 »	»	»
»	»	200.000	»	64.512 »	»	»
»	»	250.000	»	81.912 »	81.912 »	»
»	»	260.000	»	»	85.752 »	»
»	»	270.000	»	»	89.592 »	»
»	»	280.000	»	»	93.432 »	»
»	»	290.000	»	»	97.272 »	»
»	»	300.000	»	»	101.112 »	»
»	»	400.000	»	»	139.512 »	»
»	»	500.000	»	»	177.912 »	177.912 »
»	»	600.000	»	»	»	219.912 »
»	»	700.000	»	»	»	261.912 »
»	»	800.000	»	»	»	303.912 »
»	»	900.000	»	»	»	345.912 »
»	»	1.000.000	»	»	»	387.912 »

Droits de Mutation par Décès

(L. 25 Juin 1920, art. 30, double décime compris)

PARENTS
au delà du 4e degré
NON PARENTS

PART NETTE DE :

1 à 2.000	
Capital Imposable	Droits 30 % D. C.
1	0 30
2	0 60
3	0 90
4	1 20
5	1 50
6	1 80
7	2 10
8	2 40
9	2 70
10	3 »
11	3 30
12	3 60
13	3 90
14	4 20
15	4 50
16	4 80
17	5 10
18	5 40
19	5 70
20	6 »
30	9 »
40	12 »
50	15 »
60	18 »
70	21 »
80	24 »
90	27 »
100	30 »
200	60 »
300	90 »
400	120 »
500	150 »
600	180 »
700	210 »
800	240 »
900	270 »
1.000	300 »
1.100	330 »
1.200	360 »
1.300	390 »
1.400	420 »
1.500	450 »
1.600	480 »
1.700	510 »
1.800	540 »
1.900	570 »
2.000	600 »

2.001 à 10.000 32.40 % D. C.	10.001 à 50.000 34.80 % D. C.	CAPITAL IMPOSABLE	50.001 à 100.000 37.20 % D. C.	100.001 à 250.000 40.80 % D. C.	250.001 à 500.000 44.40 % D. C.	500.001 à 1.000.000 48 % D. C.
6 48	6 96	**20**	7 44	8 16	8 88	9 60
12 96	13 92	**40**	14 88	16 32	17 76	19 20
19 44	20 88	**60**	22 32	24 48	26 64	28 80
25 92	27 84	**80**	29 76	32 64	35 52	38 40
32 40	34 80	**100**	37 20	40 80	44 40	48 »
64 80	69 60	**200**	74 40	81 60	88 80	96 »
97 20	104 40	**300**	111 60	122 40	133 20	144 »
129 60	139 20	**400**	148 80	163 20	177 60	192 »
162 »	174 »	**500**	186 »	204 »	222 »	240 »
194 40	208 80	**600**	223 20	244 80	266 40	288 »
226 80	243 60	**700**	260 40	285 60	310 80	336 »
259 20	278 40	**800**	297 60	326 40	355 20	384 »
291 60	313 20	**900**	334 80	367 20	399 60	432 »
»	348 »	**1.000**	372 »	408 »	444 »	480 »
600 »	696 »	**2.000**	744 »	816 »	888 »	960 »
924 »	1.044 »	**3.000**	1.116 »	1.224 »	1.332 »	1.440 »
1.248 »	1.392 »	**4.000**	1.488 »	1.632 »	1.776 »	1.920 »
1.572 »	1.740 »	**5.000**	1.860 »	2.040 »	2.220 »	2.400 »
1 896 »	2.088 »	**6.000**	2.232 »	2.448 »	2.664 »	2.880 »
2.220 »	2.436 »	**7.000**	1.604 »	2.856 »	3.108 »	3.360 »
2.544 »	2.784 »	**8.000**	2.976 »	3.264 »	3.552 »	3.840 »
2.868 »	3.132 »	**9.000**	3.348 »	3.672 »	3.996 »	4.320 »
3.192 »	3.192 »	**10.000**	»	4.080 »	4.440 »	4.800 »
»	6.672 »	**20.000**	»	8.160 »	8.880 »	9.600 »
»	10.152 »	**30.000**	»	12.240 »	13.320 »	14.400 »
»	13.632 »	**40.000**	»	16.320 »	17.760 »	19.200 »
»	17.112 »	**50.000**	17.112 »	20.400 »	22.200 »	24.000 »
»	»	**60.000**	20.832 »	21.480 »	26.640 »	28.800 »
»	»	**70.000**	24.552 »	28.560 »	31.080 »	33.600 »
»	»	**80.000**	28.272 »	32.640 »	35.520 »	38.400 »
»	»	**90.000**	31.992 »	36.720 »	39.960 »	43.200 »
»	»	**100.000**	35.712 »	35.712 »	»	»
»	»	**200.000**	»	76.512 »	»	»
»	»	**250.000**	»	96.912 »	96.912 »	»
»	»	**260.000**	»	»	101.352 »	»
»	»	**270.000**	»	»	105.792 »	»
»	»	**280.000**	»	»	110.232 »	»
»	»	**290.000**	»	»	114.672 »	»
»	»	**300.000**	»	»	119.112 »	»
»	»	**400.000**	»	»	163.512 »	»
»	»	**500.000**	»	»	207.912 »	207.912 »
»	»	**600.000**	»	»	»	255.912 »
»	»	**700.000**	»	»	»	303.912 »
»	»	**800.000**	»	»	»	351.912 »
»	»	**900.000**	»	»	»	399.912 »
»	»	**1.000.000**	»	»	»	447.912 »

Départements - Communes
Etablissements publics
ou d'utilité publique

Droits de Mutation par Décès

(Double décime compris)

Legs ne bénéficiant pas du tarif spécial de 9 % (10,80 D. C.)

(L. 8 Avril 1910, art. 10 — L. 25 Juin 1920, art. 33)

PART NETTE DE :

1 à 2.000	
Capital Imposable	Droits 21.60 % D.C.
1	0 22
2	0 44
3	0 65
4	0 87
5	1 08
6	1 30
7	1 52
8	1 73
9	1 95
10	2 16
11	2 38
12	2 60
13	2 81
14	3 03
15	3 24
16	3 46
17	3 68
18	3 89
19	4 11
20	4 32
30	6 48
40	8 64
50	10 80
60	12 96
70	15 12
80	17 28
90	19 44
100	21 60
200	43 20
300	64 80
400	86 40
500	108 »
600	129 60
700	151 20
800	172 80
900	194 40
1.000	216 »
1.100	237 60
1.200	259 20
1.300	280 80
1.400	302 40
1.500	324 »
1.600	345 60
1.700	367 20
1.800	388 80
1.900	410 40
2.000	432 »

2.001 à 10.000 22.80 % D. C.	10.001 à 50.000 24 % D. C.	CAPITAL IMPOSABLE	50.001 à 100.000 25.20 % D. C.	100.001 à 250.000 26.40 % D. C.	250.001 à 500.000 27.60 % D. C.	500.001 à 1.000.000 28.80 % D. C.
4 56	4 80	20	5 04	5 28	5 52	5 76
9 12	9 60	40	10 08	10 56	11 04	11 52
13 68	14 40	60	15 12	15 84	16 56	17 28
18 24	19 20	80	20 16	21 12	22 08	23 04
22 80	24 »	100	25 20	26 40	27 60	28 80
45 60	48 »	200	50 40	52 80	55 20	57 60
68 40	72 »	300	75 60	79 20	82 80	86 40
91 20	96 »	400	100 80	105 60	110 40	115 20
114 »	120 »	500	126 »	132 »	138 »	144 »
136 80	144 »	600	151 20	158 40	165 60	172 80
159 60	168 »	700	176 40	184 80	193 20	201 60
182 40	192 »	800	201 60	211 20	220 80	230 40
205 20	216 »	900	226 80	237 60	248 40	259 20
»	240 »	1.000	252 »	264 »	276 »	288 »
432 »	480 »	2.000	504 »	528 »	552 »	576 »
660 »	720 »	3.000	756 »	792 »	828 »	864 »
888 »	960 »	4.000	1.008 »	1.056 »	1.104 »	1.152 »
1.116 »	1.200 »	5.000	1.260 »	1.320 »	1.380 »	1.440 »
1.344 »	1.440 »	6.000	1.512 »	1.584 »	1.656 »	1.728 »
1.572 »	1.680 »	7.000	1.764 »	1.848 »	1.932 »	2.016 »
1.800 »	1.920 »	8.000	2.016 »	2.112 »	2.208 »	2.304 »
2.028 »	2.160 »	9.000	2.268 »	2.376 »	2.484 »	2.592 »
2.256 »	2.256 »	10.000	»	2.640 »	2.760 »	2.880 »
»	4.656 »	20.000	»	5.280 »	5.520 »	5.760 »
»	7.056 »	30.000	»	7.920 »	8.280 »	8.640 »
»	9.456 »	40.000	»	10.560 »	11.040 »	11.520 »
»	11.856 »	50.000	11.856 »	13.200 »	13.800 »	14.400 »
»	»	60.000	14.376 »	15.840 »	16.560 »	17.280 »
»	»	70.000	16.896 »	18.480 »	19.320 »	20.160 »
»	»	80.000	19.416 »	21.120 »	22.080 »	23.040 »
»	»	90.000	21.936 »	23.760 »	24.840 »	25.920 »
»	»	100.000	24.456 »	24.456 »	»	»
»	»	200.000	»	50.856 »	»	»
»	»	250.000	»	64.056 »	64.056 »	»
»	»	260.000	»	»	66.816 »	»
»	»	270.000	»	»	69.576 »	»
»	»	280.000	»	»	72.336 »	»
»	»	290.000	»	»	75.096 »	»
»	»	300.000	»	»	77.856 »	»
»	»	400.000	»	»	105.400 »	»
»	»	500.000	»	»	133.056 »	133.056 »
»	»	600.000	»	»	»	161.856 »
»	»	700.000	»	»	»	190.656 »
»	»	800.000	»	»	»	219.456 »
»	»	900.000	»	»	»	248.256 »
»	»	1.000.000	»	»	»	277.056 »

EXPOSÉ

des Règles de liquidation des Droits de Mutation par décès

AVERTISSEMENT

A la demande de nombreux souscripteurs du « Nouveau Barème », ce supplément comprend l'exposé des dispositions qui régissent la liquidation des droits de mutation par décès. Il a paru utile de donner également, au cours de cet exposé, un aperçu des règles relatives à la détermination de la valeur imposable des biens, au payement et au recouvrement des droits.

Nous espérons que le « Barème » ainsi complété rendra les services qui en sont attendus ; nous continuerons d'ailleurs de recevoir avec reconnaissance toutes les suggestions qui nous seront faites en vue d'y apporter, par la suite, de nouvelles améliorations.

DIVISION

Les mutations par décès sont soumises à deux taxes distinctes :

1° La taxe successorale ;

2° Les droits de mutation par décès, proprement dits.

Absence. — La prise de possession de fait des biens de l'absent par ses héritiers présomptifs ou autres ayants cause et l'envoi en possession provisoire de ces biens sont assimilés aux mutations par décès pour la perception de ces taxes et l'application des dispositions qui les régissent. (L. 28 avril 1816, art. 40 — L. 22 Frimaire, An VII, art. 12-14). Cette remarque ne sera pas rappelée au cours de l'exposé qui suit.

TAXE SUCCESSORALE

Loi du 25 Juin 1920, article 29, § 1.

« L'article 10 de la loi du 31 décembre 1917 est modifié ainsi qu'il suit :

« Dans toute succession où le défunt ne laisse pas au moins quatre enfants vivants ou « représentés, il est perçu, indépendamment des droits auxquels les mutations par décès de « biens, meubles ou immeubles, sont assujetties, une taxe progressive et par tranches sur le « capital net global de la succession.

« Cette taxe est fixée ainsi qu'il suit, sans addition d'aucun décime :

TARIF APPLICABLE à la fraction comprise entre	NOMBRE D'ENFANTS LAISSÉS PAR LE DÉFUNT			
	Trois enfants vivants ou représentés	Deux enfants vivants ou représentés	Un enfant vivant ou représenté	Point d'enfant vivant ou représenté
	p. 100	p. 100	p. 100	p. 100
1 et 2.000 francs	0 25	0 50	1 »	3 »
2.001 et 10.000 —	0 50	1 »	2 »	6 »
10.001 et 50.000 —	0 75	1 50	3 »	9 »
50.001 et 100.000 —	1 »	2 »	4 »	12 »
100.001 et 250.000 —	1 25	2 50	5 »	15 »
250.001 et 500.000 —	1 50	3 50	6 50	18 »
500.001 et 1.000.000 —	2 25	4 25	8 »	21 »
1.000.001 et 2.000.000 —	3 20	6 »	12 »	24 »
2.000.001 et 5.000.000 —	3 60	6 75	13 50	27 »
5.000.001 et 10.000.000 —	4 »	7 50	15 »	30 »
10.000.001 et 50.000.000 —	4 40	8 25	16 50	33 »
50.000.001 et 100.000.000 —	4 80	9 »	18 »	36 »
100.000.001 et 500.000.000 —	5 50	10 »	20 »	37 »
Au dessus de 500.000.000 —	7 50	12 »	21 »	39 »

Nature de la taxe.

« La taxe successorale présente le caractère d'un *prélèvement effectué par l'Etat sur « la masse héréditaire* pour compenser les charges fiscales que l'absence ou le petit nombre « d'enfants a permis au défunt d'éviter. (Exposé des motifs de l'art. 29 de la loi du « 25 juin 1920). « L'émolument héréditaire dévolu aux divers ayants droit ne se compose « donc, en réalité, que du surplus de la masse, c'est-à-dire de la différence entre l'actif de « la succession et le montant de la taxe successorale.

« La taxe successorale, qui constitue ainsi une *dette de l'hérédité*, est par suite susceptible de justifier, le cas échéant, la réduction de legs particuliers, et elle doit être déduite « de l'actif global pour le calcul de la réserve. » (Sol. 16 décembre 1920. I. 3670 § 24. — R. E. 7340.)

Exigibilité et tarif.

A). La taxe est due dans toute succession où le défunt ne laisse pas au moins quatre enfants vivants ou représentés.

(L. 25 juin 1920 — Art. 29 précité).

L'application des tarifs spéciaux des droits de mutation par décès (tarif de 9 % ; tarif de la loi du 8 avril 1910, etc.) ne met pas obstacle à l'exigibilité de la taxe (I. 3581, § 20 ; R. E., 7353 ; I. 3645 p. 9).

Voir : Exemption.

B). La taxe est graduée suivant le nombre des enfants du défunt, vivants ou représentés.

Elle est de plus progressive et, par tranches, d'après l'importance de la succession et indépendante du degré de parenté de l'héritier, du donataire ou légataire avec le défunt.

Détermination de l'exigibilité et du tarif de la taxe. Dispositions et observations communes.

Enfants du défunt, visés ci-dessus, entrant en ligne de compte pour cette détermination :

Les enfants du défunt, c'est-à-dire ses descendants au premier degré (I.3700 § 31 — I). — 1° Vivants ou représentés à l'ouverture de la succession ; 2° naturels légalement reconnus ou légitimés ; 3° adultérins légitimés (L. 30 déc. 1915 — R. E. 6640) ; 4° renonçants (I. 3581, § 20 ; R. E., 7348) ; 5° conçus et nés viables (I. 3700, § 31 — II ; R. E., 7455, § II) ; 6° adoptifs (I. 3839, § 8 ; R. E., 8021).

Enfants prédécédés et non représentés à ajouter. (L. 25 Juin 1920, art. 34, 1er paragraphe).

Cet article est ainsi conçu : « Pour l'application du tarif édicté à l'art. 29, au nombre des enfants vivants ou représentés du défunt, doit être ajouté :

1° L'enfant décédé après avoir atteint l'âge de seize ans révolus ;

2° L'enfant, âgé de moins de seize ans, tué à l'ennemi au cours des hostilités ou décédé des suites de faits de guerre, soit durant les hostilités, soit dans l'année à compter de leur cessation ».

APPLICATION. — Ces dispositions sont applicables sans distinguer selon qu'il existe ou non d'autres enfants vivants ou représentés du défunt (I. 3736, § 29 ; R. E., 7627).

1er Cas. — Enfant décédé après l'âge de seize ans.

CONDITIONS. — *L'enfant décédé après l'âge de seize ans entre en ligne de compte quelles que soient les circonstances de son décès.* L'enfant disparu ne doit être ajouté que s'il est établi qu'il avait seize ans révolus lors de sa disparition (J. Off. 4 août 1923, Ch. Déb., p. 3474, col. 2 ; R. E., 7934, § IX).

JUSTIFICATION. — « Le bénéfice de la disposition est subordonné à la production, dans « le premier cas, d'une *expédition de l'acte de décès de l'enfant.* » (Art. 34, § 1, L. 25 juin 1920.)

Cette expédition doit être établie sur papier timbré (I. 3645, p. 4), et contenir l'indication de l'âge de l'enfant décédé, conformément à l'art. 79 C. civ. (I. 3626, p. 19).

L'Administration admet la simple présentation de l'expédition régulière de l'acte de décès et la remise d'une copie de cette pièce sur papier libre certifiée conforme par le Receveur. Si l'expédition de l'acte de décès a déjà fait l'objet d'un acte de dépôt dans une étude de notaire, le Receveur « pourra se contenter » de la simple remise d'un certificat, sur papier libre, contenant tous les renseignements utiles, avec référence à l'acte de dépôt. (I. 3839, § 37).

S'il est reconnu que la justification prévue par la loi ne peut être réellement rapportée, les intéressés seront admis à établir la date du décès des enfants par tous documents probants, notamment au moyen d'un acte de notoriété. (J. Off. 4 août 1923, Ch. Déb. p. 3474, col. 2 ; R. E. 7934 IX).

Les documents justificatifs seront conservés au bureau et classés dans la liasse des pièces annexées aux déclarations de succession après avoir été annotés de la date et du numéro de la déclaration correspondante (I. 3645, p. 4).

2° Cas. — L'enfant décédé avant l'âge de seize ans est ajouté :

A) S'il a été tué par l'ennemi au cours des hostilités.

CONDITIONS. — Deux conditions doivent être remplies :

I. — *Il faut que l'enfant ait été tué par l'ennemi.* Cette expression, déjà employée par l'art. 6 de la loi du 26 décembre 1914 (I. 3432), doit être interprétée, en conséquence, conformément aux règles posées pour l'application de cette loi (I. 3645, p. 3).

Il faut que l'enfant ait été tué par l'ennemi, volontairement ou non, par bombardements ou actions militaires quelconques ou qu'il soit décédé à la suite de mauvais traitements de l'ennemi, soit pendant l'occupation, soit en captivité (I. 3461 — I. - 5 ; R. E., 6372 ; I. 3494 § 13-II ; R. E., 6595).

2° *Il faut qu'il ait été tué* par l'ennemi *au cours des hostilités.* Le cours des hostilités comprend la période écoulée, *du 2 août* 1914 (1er jour de la mobilisation. — Décret du 1er août 1914) *au 23 octobre* 1919 *inclus*, dernier jour des hostilités ; la date de leur cessation étant fixée par la loi du 23 octobre 1919 à la date de sa promulgation au J. Off. du 24 (I. 3608 — I. 3626, p. 19 — I. 3645, p. 3).

Ces deux conditions sont suffisantes, peu importe le lieu du territoire français ou étranger dans lequel a eu lieu le décès (I. 3461 — I - 5 ; R. E., 6372).

B) Ou d'une manière générale, s'il est décédé des suites de faits de guerre, soit durant les hostilités, soit dans l'année de leur cessation.

CONDITIONS. — Deux conditions sont nécessaires et suffisantes :

1° *Il faut que l'enfant soit décédé des suites de faits de guerre.*

Les circonstances dans lesquelles le décès doit être réputé causé « par *un fait de guerre* » *sont spécifiées* (I. 3645, p. 3) dans l'art. 2 de la loi du 24 juin 1919 (I. 3645, II). modifié par l'art. 1 de la loi du 28 juillet 1921 (I. 3703, § 6) et ainsi conçu :

(L'art. 1 confère un droit à pension à tout civil victime d'un fait de guerre survenu entre le 2 août 1914 et l'expiration d'un délai d'un an à dater du décret fixant la cessation des hostilités).

« Art. 2. § 1. — Sont réputées causées par des faits de guerre : 1° les blessures mortelles ou non, « reçues au cours des opérations militaires conduites par les armées alliées ou ennemies et qui ont été « occasionnées par un fait précis dû à la proximité de l'ennemi ; 2° celles résultant d'actes de violence « commis par l'ennemi.

« § 2. — Sont également réputées causées par des faits de guerre les blessures ou la mort provoquées, « même après la fin des opérations militaires, par des explosions de projectiles, des éboulements ou « tous autres accidents pouvant se rattacher aux événements de la guerre, par suite de l'état des lieux, « ainsi que la mort survenue ou les blessures reçues au cours d'exécution de travaux imposés par l'en- « nemi, en captivité ou en pays envahi.

« § 3. — Les infirmités ou le décès résultant des maladies contractées pendant la période visée à « l'art. 1 n'ouvrent droit à pension que s'ils ont eu pour cause : 1° des actes de violence commis par « l'ennemi ou des contraintes arbitraires imposées par lui ; 2° des mauvais traitements subis dans les « forteresses ou dans des camps de prisonniers.

« § 4. — Sont réputés causés par des faits de guerre les décès, même par suite de maladie, s'ils sont « survenus pendant la captivité en pays ennemi.

« § 5. — Lorsque la blessure, la maladie ou la mort seront dues à une faute inexcusable de la part « de la victime, elles ne donneront droit à aucune indemnité. »

Constituent, par suite, des faits de guerre :

1° Les faits, survenus pendant la période du 2 août 1914 au 23 octobre 1920 : 1° énumérés au § 1 précité provenant de combats et opérations militaires ou de violences de l'ennemi ; 2° visés au § 2, alors même qu'ils ne seraient pas directement imputables à l'ennemi ;

2° Les maladies contractées, dans les conditions fixées par le § 3, pendant la même période.

Le décès, même par suite de maladie, est d'ailleurs réputé causé par fait de guerre, dès lors qu'il est survenu pendant la captivité en pays ennemi.

Mais en toute hypothèse, il est nécessaire que la maladie qui a causé la mort ait été contractée pendant la période du 2 août 1914 au 23 octobre 1920. Le décès consécutif à l'aggravation, en cours et par suite de la guerre, d'une maladie préexistante, ne peut être considéré comme provenant d'un fait de guerre (I. 3645, p. 16).

La mort d'un enfant tué dans la zone des armées, par un soldat français, condamné d'ailleurs pour ce fait par l'autorité militaire, ne résulte pas d'un fait de guerre, tel qu'il vient d'être défini (J. Off. 17 avril 1918, p. 3307. — R. E., 6817, § V).

II. — *Il faut que l'enfant soit décédé* des suites de faits de guerre, *soit durant les hostilités, soit dans l'année de leur cessation.*

Il est nécessaire que le décès soit survenu *pendant la période du 2 août* 1914 *au* 23 *octobre* 1920 *inclus.*

JUSTIFICATION (A et B). — « Le bénéfice de cette disposition est subordonné à la pro- « duction dans le second cas *d'un acte de notoriété* délivré, sans frais, par le juge de paix « du domicile du défunt et établissant les circonstances de la blessure ou de la mort. » (L. 25 juin 1920, art. 34, § 1.)

L'acte de notoriété prévu est exempt de timbre et d'enregistrement s'il indique l'usage auquel il est destiné. (I. 3645, § L-6).

Le mineur non émancipé a son domicile chez ses père et mère ou tuteur (c. civ. art. 10).

Les agents doivent examiner si les circonstances relatées par l'acte de notoriété produit rentrent dans l'un ou l'autre des cas prévus ci-dessus (I. 3645, p. 4).

Conservation des pièces justificatives (voir page 23 : premières lignes).

Liquidation de la taxe.

« Dans toute succession... il est perçu... une taxe progressive et par tranches sur le « capital net global de la succession. Sont applicables à la taxe les dispositions qui régis- « sent la liquidation des droits de mutation par décès » (L. 25 juin 1920, art. 29, § 1 et 3).

I. — La taxe est perçue sur le capital net global de la succession.

La perception s'opère sur l'ensemble de la masse héréditaire, après distraction du passif, mais avant toute déduction des legs particuliers et toute détermination des parts nettes et non séparément sur le montant de chaque legs ou de chaque part. (I. 3851, § 23; R. E., 7351).

II. — Le capital net global de la succession est déterminé par l'application des dispositions qui régissent la liquidation des droits de mutation par décès.

COMPOSITION DE LA SUCCESSION.

La succession comprend tous les biens dont la transmission s'opère par le décès du de cujus, en vertu de la loi, d'un testament ou de tout autre acte de libéralité à cause de mort et qui, à ce titre, sont soumis, en principe, aux droits de mutation par décès.

Elle comprend :

1° *Les biens qui dépendent du patrimoine du défunt, d'après les règles du droit commun et qui, par le fait de son décès, sont transmis à ses héritiers, donataires ou légataires.*

Biens existants au décès et appartenant au défunt ou dont il est réputé propriétaire, à l'égard des tiers, en vertu soit d'un titre régulier :

(Actes réguliers, transcrits ou publiés lorsqu'ils sont soumis à cette formalité par l'art. 939 C. civ., les lois du 23 mars 1855 et du 17 mars 1909. — Transport de créance au profit du défunt signifié au débiteur ou accepté par lui, suivant l'art. 1690 C. civ. — Lettres de change et billets à ordre endossés au nom du défunt. — Immatriculation au nom du défunt d'inscriptions de rentes ou de valeurs mobilières nominatives non transmissibles sans transfert, etc...).

Soit d'une présomption légale, telle que celle qui est attachée, sauf preuve contraire à la possession des meubles meublants et des titres au porteur, par l'art. 2279 C. civ.

Biens donnés au défunt et soumis au retour légal dans les cas prévus par les art. 351, 747, 765 et 766 du C. civ., mais non les biens qui font l'objet d'un retour conventionnel (J. Off. 5 juillet 1921, Ch. Déb., p. 3180, col. 3; R. E., 7495 XIX).

Biens grevés de substitution dans la succession du de cujus et recueillis par l'appelé.

Biens de l'hérédité, meubles ou immeubles, ayant leur assiette réelle ou fictive en France, alors même que le défunt est un étranger domicilié à l'Etranger (R. E., 6959 V).

Meubles incorporels étrangers dépendant de la succession lorsqu'elle est régie par la loi française ou lorsque le de cujus est un étranger domicilié en France (L. 18 mai 1850, art. 7; L. 13 mai 1863, art. 11; L. 23 août 1871, art. 7).

2° *Les biens du patrimoine du de cujus dont la transmission, bien que procédant au regard du droit commun d'une donation entre vifs consentie par le défunt, ne se réalise en fait qu'à son décès; et qui sont, à ce titre soumis, en principe, aux droits de mutation par décès.*

Biens donnés par le défunt entre vifs à cause de mort (donations dont l'effet est subordonné à la condition suspensive du décès du donateur et à la survie du donataire, institutions contractuelles).

Tels sont : Le bénéfice de la réversion d'un usufruit ou d'une rente viagère stipulée à titre gratuit entre vifs, par le défunt, au profit de son conjoint ou d'un tiers et réalisée par le décès du donateur (J. Off. 15 mai 1921, Ch. Déb., p. 2293, col. 2 et 3 ; R. E., 7437 II et 7802 III) ; les biens à prendre sur la succession, donnés par contrat de mariage aux futurs époux ou aux enfants à naître ; les gains de survie, etc...

3° *Les assurances sur la vie souscrites par le défunt à titre gratuit au profit de bénéficiaires nominativement désignés; ces assurances ne dépendent pas du patrimoine du défunt, mais sont soumises aux droits de mutation par décès par l'art. 6 de la loi du 21 juin 1875.*

Sommes, rentes et émoluments quelconques dus en vertu des assurances sur la vie souscrites par le défunt et recueillis à titre gratuit par des bénéficiaires nominativement désignés sous la réserve des droits de communauté (L. 21 juin 1875, art. 6) et, à l'exclusion des assurances contractées à l'étranger, même à une compagnie française par un étranger, ou un Français, non domiciliés en France au jour du décès (L. 25 février 1901, art. 15, § 7).

L'assurance au profit du conjoint commun en biens est assimilée à une valeur de communauté et ne donne pas lieu à récompense (L. 21 juin 1875, art. 6. I. 3670, § 29).

Les biens qui ne dépendent pas du patrimoine du défunt, au regard du droit commun, mais dont le défunt avait la propriété apparente à l'égard de l'Administration et qui sont à ce titre soumis en principe aux droits de mutation par décès.

Biens dont le défunt avait, au jour de son décès, la propriété apparente, en vertu : soit de titres (actes et déclarations) enregistrés ou parvenus légalement à la connaissance de l'Administration, abstraction faite des conventions verbales ou s.-s. p. n'ayant pas acquis date certaine, qui tendraient à modifier la situation créée par ces titres. (I. 2434-3 — 2542-1 — 2575-2 — 2664-3 — 2705-6 — 2834-2).

Soit d'une présomption de la loi fiscale, sauf preuve contraire administrée dans les formes compatibles avec la procédure écrite :

Immeubles et fonds de commerce au sujet desquels le défunt était inscrit au rôle des contributions et acquittait ces impôts ou qui ont fait l'objet de baux ou d'actes passés par le défunt et constatant sa propriété (L. 22 Frimaire An VII, art. 12).

Biens appartenant pour l'usufruit au défunt et pour la nue propriété à l'un de ses présomptifs héritiers ou descendants d'eux, même exclu par testament, ou à ses donataires ou légataires institués, même par testament postérieur, ou à des personnes interposées désignées dans les art. 911, § 2 et 1100 du C. civ. (L. 13 juillet 1925, art. 45 ; I. 3860, § 10 ; R. E. 8306 XII à XIV).

Titres et valeurs dont le défunt a perçu tout ou partie des revenus une fois au moins pendant l'année de son décès, lorsqu'ils sont reconnus être, après le décès, entre les mains des héritiers donataires ou légataires universels ou à titre universel, à moins que ces derniers ne se prévalent d'un don manuel des dits titres et valeurs à eux consenti par le défunt et acquittent sur le montant de ces titres et valeurs le droit de donation entre vifs d'après une déclaration passée au bureau du domicile du défunt dans les délais fixés par l'art. 24, § 3 de la loi du 22 Frimaire, An VII et au plus tard dans les trois mois à partir d'une mise en demeure par lettre recommandée de l'Administration, avec accusé de réception (L. 18 avril 1918, art. 17, § 2 et 3. I. 3547, § 9 ; R. E., 6784 ; L. 13 juillet 1925, art. 46 ; I. 3547, § 9 et 3860, § 11).

Les sommes, titres ou objets trouvés dans un coffre-fort loué conjointement par le de cujus et des tiers sont réputés appartenir au défunt pour une part virile (L. 18 avril 1918, art. 2 ; I. 3547, § 1 ; R. E., 6784).

Les titres, sommes ou valeurs existant chez les dépositaires désignés au troisième alinéa de l'art 15 de la loi du 25 février 1901 et faisant l'objet de comptes indivis ou collectifs avec solidarité sont considérés comme appartenant conjointement aux déposants et dépendant de la succession de chacun d'eux pour une part virile (L. 31 mars 1903, art. 7).

Valeur de 5 % de l'ensemble des autres valeurs héréditaires attribuée aux meubles meublants, à défaut de vente publique, d'assurance ou d'inventaire établi dans les formes légales (L. 30 juin 1923, art. 20. I. 3784, § 6).

La masse imposable ne comprend pas les biens qui dépendent de la succession, d'après les règles du droit commun, mais qui n'en font pas partie, au regard des droits de mutation par décès, soit en raison de leur extranéité, soit parce qu'ils ont été détachés du patrimoine par une donation en avancement d'hoirie assujettie au droit de donation :

Il y a lieu de faire abstraction des biens suivants :

Biens immeubles, meubles corporels, fonds de commerce qui ont leur assiette à l'étranger : biens meubles incorporels étrangers dépendant d'une succession non régie par la loi française et dépendant de la succession d'un Etranger ou d'un Français domiciliés à l'étranger.

Rapports des biens donnés par le défunt en avancement d'hoirie et qui ont déjà supporté le droit de mutation à titre gratuit entre vifs (I. 3581, § 24 ; R. E., 7352). Le rapport fictif prévu par l'art. 767 du C. civ. ne constitue ni un rapport en nature, ni un rapport en moins prenant, mais une simple opération de calcul pour déterminer les droits d'usufruit du conjoint survivant ; il n'entre pas en ligne de compte.

Valeur imposable des biens de la succession.

Assurances sur la vie.

Montant des sommes dues par l'assureur (L. 21 juin 1875, art. 6). L'assurance au profit du conjoint commun en biens constitue une valeur commune et ne donne pas lieu à récompense (I. 3670, § 29 ; R. E., 7369).

Créances.

Exigibles ou à terme. — Capital nominal. (L. 22 Frimaire, An VII, art. 14, n° 2 ; L. 25 février 1901, art. 13, n° 3).

Sur débiteur en état de faillite, liquidation judiciaire ou déconfiture. — Evaluation, sauf déclaration supplémentaire, de toute somme recouvrée en sus ultérieurement (L. 18 avril 1918, art. 12 ; I. 3547, § 4 ; R. E., 6784, IX).

Sur débiteur allemand, à régler par l'office des biens et intérêts privés. — Evaluation (I. 3788, § 15).

Dommages de guerre (I. 3751).

Litigieuses, incertaines ou éventuelles. — Ne sont assujetties à la déclaration que dans les six mois de la date de l'acte ou du paiement qui les a fait rentrer dans l'hérédité. (Cass. 2 avril 1870 ; I. 2405-I).

Certaines mais indéterminées dans leur quotité. — Evaluation, sauf déclaration supplémentaire, s'il y a lieu, après détermination du montant nominal, et contrôle de l'Administration.

Droits sociaux.

Société régulièrement constituée et pourvue de la personnalité juridique. — Droit incorporel représenté par la part de l'associé dans le reliquat net de la société, sans justification du passif ; déclaration estimative. Cette règle s'applique encore pendant la période de liquidation régulière de la société (I. 2650 I.).

Société de fait ; en participation ; dissoute, ou irrégulièrement constituée. — Part de copropriété dans tous les biens de la société à déclarer et estimer suivant les règles qui leur sont propres, sauf déduction du passif justifié conformément à la loi du 25 février 1901 (I. 2807-2).

Fonds de commerce, clientèles.

Déclaration estimative. (L. 30 juin 1923, art. 20, dernier paragraphe).

Meubles corporels.

Par ordre de préférence (L. 30 juin 1923, art. 20, I. 3784, § 6) :

1° Prix de vente publique réalisée dans les deux ans du décès ;

2° 60 % de l'évaluation faite dans les contrats ou conventions d'assurances en cours au jour du décès et conclus par le défunt, son conjoint ou ses auteurs, moins de dix ans avant le décès, sauf preuve contraire. La valeur réelle des meubles, établie par un inventaire ou tous autres documents opposables aux parties, sert de base à la perception si le forfait de 60 % lui est inférieur. (R. E. 8306 XI).

Cette disposition ne s'applique pas aux polices d'assurances concernant les récoltes, les bestiaux et les marchandises.

3° *Meubles meublants.* — Prisée dans inventaires dressés dans la forme prescrite par l'art. 943 du C. proc. civ., dans les cinq ans du décès ;

Autres meubles : récoltes, bestiaux, marchandises, voitures automobiles, etc... — Estimation dans les inventaires et autres actes passés dans les cinq ans du décès.

4° Déclaration détaillée et estimative conformément au paragraphe 8 de l'art. 14 de la loi du 22 Frimaire, An VII.

Meubles meublants. Minimum. — 5 % de l'ensemble des autres valeurs mobilières et immobilières de la succession, sauf preuve contraire.

Application du minimum. — Le forfait de 5 % est calculé sur l'actif brut de la succession, abstraction faite des rapports des dons en avancement d'hoirie et après distraction des charges, mais sans déduction du passif. (I. 3839, § 28 ; R. E., 8195).

Il ne s'applique qu'aux meubles meublants proprement dits, tels qu'ils sont définis par l'art. 534 C. civ. à l'exclusion des linges, hardes, vêtements, vaisselle, bijoux, etc... (I. 3839, § 28 ; R. E., 8186 VII).

Le forfait doit être appliqué, à défaut de preuve qu'il n'existe aucun mobilier, à toute succession, même s'il n'est fait mention d'aucun mobilier (R. E., 8131 XIII ; 7998 VII, 8097 VIII).

Mode de calcul lorsque le défunt est commun en biens (I. 3839, § 28 : R. E., 7994, 8195, 8306 IX, X).

Offices ministériels.

Lois du 25 juin 1841, art. 8 ; 30 juillet 1913, art. 10 (I. 1640-3371).

Rentes et pensions.

Créées avec expression d'un capital. — *Perpétuelles ou viagères.* — Capital constitué (L. 22 Frimaire, An VII, art. 16, n° 7).

Exemple : Montant de la prime unique stipulée et versée à une compagnie pour constituer la rente (R. E. 2502) ; le bénéfice de la *réversion*, au profit d'un tiers, d'une rente créée avec expression de capital est représentée par la fraction de ce capital qui a été versée en vue d'assurer la réversion et à déterminer par les parties (I. 3089-23 ; R. E., 3073).

Si la rente est *temporaire*. — Capital représenté par le montant des annuités restant dues. Si la rente temporaire représente l'amortissement d'un prix d'aliénation en capital et intérêts, la valeur de la rente se restreint à la portion des annuités à échoir représentant le capital restant dû.

Créées sans expression de capital. Perpétuelle. — Vingt fois la rente. *Rente viagère :* Dix fois la rente (L. 22 Frimaire, An VII, art. 14, n° 9).

Règles applicables également aux rentes à terme. En ce qui concerne la rente viagère, si le crédirentier vient à décéder avant le payement du droit de mutation, l'Administration admet la liquidation de l'impôt sur le montant des arrérages réellement transmis au lieu du capital au denier 10 (R. E., 1865).

Si la rente est *temporaire* et doit être servie pendant un nombre d'années déterminé : Capital représenté par le nombre des annuités restant dues sans que ce multiplicateur puisse dépasser 20. Si la rente doit s'éteindre en tous cas au décès du crédirentier : rente multipliée par le nombre d'années fixé pour sa durée sans que ce multiplicateur puisse dépasser 10.

En nature. — Mêmes règles, estimation préalablement faite des objets (grains, denrées) d'après la valeur moyenne d'une année commune établie par les mercuriales du marché le plus voisin (L. 15 mai 1818, art. 75) et, à défaut de mercuriales, d'après les cours indiqués par l'autorité locale sur renseignements approuvés par le préfet

Valeurs mobilières.

Bons de la Défense Nationale. — Valeur nominale, sans déduction des intérêts à courir jusqu'au jour de l'échéance (D. M. F. 22 mai 1916; I. 3494, § 6; R. E., 6598, 7934 VIII, 8074 XII).

Obligations de la Défense Nationale. — Cours côté et à défaut estimation. Même décision (R. E. 6598, I. 3494, § 6).

Rentes sur l'Etat français, valeurs étrangères côtées en bourse. — Cours moyen, du jour du décès, de la Bourse de Paris ou de province, choisie par le déclarant (L. 18 mai 1850, art. 7. — 13 mai 1863, art. 11. — 23 août 1871. — I. 3439-3487).

Valeurs françaises autres que les rentes sur l'Etat, cotées en bourse. — Déclaration estimative (L. 22 Frimaire, An VII, art. 14, n° 8). En fait, le cours de la bourse constitue néanmoins une base d'évaluation, sinon légale, du moins certaine.

Valeurs non cotées en bourse, ou cotées en banque.— Déclaration estimative (L.22 Frimaire, An VII, art. 14, n° 8). Relevés à établir par les receveurs pour contrôle au bureau du siège social (I. 3487).

Coupons des rentes sur l'Etat et des dividendes des actions de la Banque de France. — Déclaration distincte, du cours des titres, lorsque le décès est survenu dans la période écoulée entre le détachement et l'échéance de ces coupons (I. 2721-63 et 2827; R. E., 2459, 5736 I.).

Immeubles.

Valeur vénale au jour du décès. — Déclaration estimative (L. 27 mai 1918, art. 2. — 11 nov. 1918. — I. 3563-3567).

Minimum. — Prix, en y ajoutant les charges, de l'adjudication publique réalisée dans les deux ans qui auront précédé ou suivi le décès, soit par autorité de justice (à la barre du Tribunal ou devant notaire commis), soit volontaire avec admission des étrangers, à moins dans les deux cas qu'il ne soit justifié que la consistance des immeubles a subi, dans l'intervalle, des transformations susceptibles d'en modifier la valeur (L. 30 juin 1923, art. 21. — I. 3784, § 7).

Ladjudication portant exclusivement sur la nue-propriété ne peut servir de base d'évaluation de la propriété (I. 3670, § 28).

Surenchère. — Conséquences : I. 3581 § 16 ; R. E. 7344.

DÉDUCTIONS A OPÉRER.

Il y a lieu de déduire de l'ensemble de l'actif héréditaire composé et évalué conformément aux règles qui précèdent :

I. — Les charges déductibles.

La déduction de ces charges, autres que le passif proprement dit, continue à être opérée, dans les limites prévues et suivant les règles établies par la jurisprudence sous le régime de la loi du 22 frimaire an VII ; leur existence peut être justifiée par tous les moyens de preuve compatibles avec la procédure écrite. Au delà des limites prévues, ces charges revêtent le caractère d'un passif ordinaire soumis, pour la déduction, aux principes de la loi du 25 février 1901.

Ces charges comprennent :

A. — *Les sommes et rentes encore dues ou non éteintes au décès et censées détachées du patrimoine par l'effet d'une libéralité déjà soumise au droit de mutation à titre gratuit.*

Ces valeurs sont censées représentées par un équivalent dans la succession du donateur ou de son représentant et n'avoir jamais cessé d'appartenir au donataire. En vertu de la maxime « non bis in idem » elles ne sauraient supporter un nouveau droit de mutation.

Elles sont énumérées ci-après :

1° Sommes données entre vifs et non payées au décès du donateur, soit qu'elles aient été stipulées payables à son décès ou qu'elles soient simplement restées impayées à ce décès (I. 2234-1 ; I. 3390-2).

2° Rentes données entre vifs par le de cujus et non éteintes à son décès (I. 3390-2).

Conditions de la déduction.

Il faut que la donation entre vifs soit une donation actuelle opérant le dessaisissement immédiat du donateur et par suite donnant ouverture au droit de donation sans d'ailleurs qu'il y ait lieu de distinguer si la donation a été faite en avancement d'hoirie ou par préciput.

De plus, il est nécessaire de prouver que la somme donnée (si elle n'était pas stipulée payable au décès du donateur) était encore due à ce décès ou que la rente donnée existait encore au décès du donateur.

Le paiement de la somme donnée par un tiers subrogé du donateur est assimilé à la non libération du donateur.

La rente viagère constituée en avancement d'hoirie s'éteint au décès du donateur et ne peut donner lieu à déduction (I. 3390-2).

Limites de la déduction.

En principe, la déduction n'a d'autre limite que le chiffre de la somme ou du capital de la rente (au denier 10 ou 20) donnée ; toutefois, elle ne doit s'opérer qu'à concurrence de la somme ou du capital de la rente donnée et encore due par la succession du donateur.

Ainsi : La somme donnée en avancement d'hoirie par les père et mère d'un enfant commun, avec clause d'imputation sur la succession du prémourant des donateurs et subsidiairement sur celle du survivant, n'est déductible de la succession du prémourant qu'à concurrence de la part du donataire dans cette succession. — Il y a lieu de ne déduire que la moitié de la somme donnée lorsque par suite du mariage du donateur postérieurement à la donation, cette somme est devenue une dette commune aux deux conjoints. — La déduction est réduite à due concurrence si le donateur a, par une disposition testamentaire acceptée par le donataire, substitué à la somme donnée un bien de l'hérédité d'une valeur imposable inférieure. Aucune déduction n'est opérée si le donataire a renoncé à la donation.

3° Sommes ou rentes données ou léguées et non payées ou non éteintes au décès de l'héritier, du légataire universel ou à titre universel, soit du donateur ou testateur, soit du tiers cessionnaire d'une quote-part de la succession du donateur ou testateur.

Conditions de la déduction.

Il faut que les sommes ou rentes aient fait l'objet soit d'une donation actuelle dans les conditions susvisées ou d'un testament sorti à effet.

De plus, il est nécessaire de prouver que ces sommes ou rentes étaient encore dues ou non éteintes au décès du représentant du donateur ou testateur et qu'elles incombaient à ce représentant pour la quote-part dont la déduction est demandée.

Limites de la déduction.

La déduction doit être limitée à la fraction des sommes ou du capital des rentes (au denier 10 ou 20) correspondante à la part héréditaire dévolue ou acquise par le représentant du donateur ou testateur et elle ne peut s'opérer qu'à concurrence de la valeur imposable de cette part, telle qu'elle ressort de la déclaration de la succession du donateur ou testateur.

Les rentes perpétuelles constituent une charge de la succession tout entière et non de l'usufruit de l'hérédité ; il en est de même des rentes viagères à moins d'une disposition contraire expresse du testament ou de la donation.

B. — *Les biens détenus par le défunt à titre précaire.*

Ces biens sont étrangers à la succession, ils ne doivent donc pas supporter l'impôt, si la preuve de la précarité de cette détention est administrée et si la qualité du défunt de propriétaire apparent de ces biens, en vertu d'un titre régulier, ne s'oppose pas à l'admission de cette preuve.

Cela est évident pour les corps certains détenus à titre précaire et qui se retrouvent en nature, au décès, ou qui ont été acquis au moyen d'un remploi régulier. Dans certains cas, et suivant les distinctions ci-après, l'Administration admet de même la distraction de la valeur des biens détenus au même titre, lorsque ces biens consistaient en choses fongibles confondues depuis avec le patrimoine ; ces choses sont censées représentées par un équivalent dans la succession et n'avoir jamais cessé d'appartenir à leur propriétaire.

Il y a lieu de distraire :

1° Les sommes et valeurs détenues par le défunt en qualité d'usufruitier, pour l'exercice de son usufruit, quelle que soit la composition de l'hérédité, mais sans que la déduction puisse excéder la valeur imposable des valeurs usufructuaires telle qu'elle ressort de la déclaration ou de l'acte qui a constaté le démembrement (I. 2234-1 ; I. 2397-1).

Pour le surplus, ces valeurs constituent un passif ordinaire. De même, la loi du 25 février 1901 est seule applicable si l'usufruitier a nové son titre en celui de débiteur pur et simple (corps certains aliénés par l'usufruitier sans le concours du nu-propriétaire ou vendus par le nu-propriétaire à l'usufruitier, moyennant un prix payable au décès de l'usufruitier, sans report de l'usufruit sur le prix (I. 2449 § 3, etc...).

— Ou si, détenant à l'origine en la double qualité de débiteur et d'usufruitier, il n'a pas nové ce double titre en le titre unique d'usufruitier (mari débiteur des reprises de sa femme et légataire de l'usufruit de la succession de cette dernière, s'il n'est pas libéré des reprises et nanti de leur montant pour l'exercice de son usufruit, par un règlement avec les héritiers (I. 2096 § 8 - 2223 § 5, etc...).

— Ou si les sommes grevées d'usufruit dépendent d'une succession ouverte à l'étranger et non soumise à l'impôt.

2° Les sommes et valeurs détenues par le défunt en vertu d'un mandat judiciaire ou conventionnel (officiers ministériels, mari, tuteur, etc.), à concurrence des valeurs assimilables (numéraire, billets de banque, titres au porteur, dépôts remboursables à vue ou à quelques jours de préavis) trouvées au décès.

3° Les sommes détenues par le défunt à titre de dépôt, de gage ou nantissement, à concurrence du numéraire ou équivalent compris dans la succession, si le dépositaire n'a pas dénaturé le dépôt par l'emploi des sommes dans son intérêt personnel.

3° La valeur des biens soumis à l'exercice du droit de retour conventionnel et ne se retrouvant pas en nature : Sommes d'argent ou choses fongibles, meubles aliénés par le donataire et non susceptibles de revendication, immeubles vendus avec réserve du droit du donateur de reprendre le prix dans la succession du donataire.

Reprises et récompenses.

L'époux survivant et les héritiers du prédécédé se trouvent respectivement investis d'un droit de propriété dans les biens communs et non d'une simple créance sur ces biens. Il en résulte que les reprises de l'époux survivant, prélevés sur biens communs, ainsi que les récompenses dues par le prédécédé à la communauté et compensées avec des reprises, ou couvertes par sa part dans la masse commune ne constituent, ni un passif, ni même de simples charges.

Toutefois, dans ces limites ces reprises et ces récompenses sont assimilables à des charges déductibles au point de vue de leur justification. L'Administration admet, même, la distraction des reprises de la femme de la succession du mari quand elles sont représentées dans la succession de ce dernier par de l'argent ou des valeurs équivalentes (I. 2394 §1).

Par contre, constituent un passif ordinaire soumis aux principes de la loi du 25 février 1901 : Les reprises de la femme survivante dues par la succession du mari, en dehors de l'hypothèse susvisée, par suite de l'insuffisance de la masse commune ; les récompenses dues par la succession de l'époux décédé à la communauté, non compensées par les reprises du défunt ou non couvertes par sa part dans la masse commune ; et les reprises, récompenses ou indemnités dues par le défunt à son conjoint survivant, quel que soit le régime matrimonial (I. 3067-7).

II. — Le Passif déductible.

Principe : « Pour la liquidation et le payement des droits de mutation par décès, seront déduites les dettes à la charge du défunt dont l'existence au jour de l'ouverture de la succession sera dûment justifiée par des titres susceptibles de faire preuve en justice contre le défunt ». (Loi du 25 février 1901, art. 3).

CONDITIONS DE LA DÉDUCTION.

Première condition : Il faut que la dette existe à la charge personnelle du défunt au jour de l'ouverture de la succession.

Par dette, on doit entendre toute somme ou valeur dont le défunt était personnellement débiteur au jour de son décès et au payement de laquelle il pouvait être contraint judiciairement.

Sont par suite exclues de la déduction :

1° Les obligations de faire ;

2° Les dettes dépourvues de sanction civile (obligations naturelles) ;

3° Les charges héréditaires qui naissent au moment du décès dans la personne de l'héritier obligé, en vertu d'un quasi-contrat résultant de l'acceptation de la succession (charges imposées par le défunt autres que les legs et legs secondaires (messes, etc...); frais d'enterrement, de testament, scellés, inventaire, droits de succession, deuil et nourriture de la veuve, pension alimentaire du conjoint survivant, etc.):

4° Les dettes incertaines ou éventuelles au jour du décès (dettes litigieuses prix de marchandises vendues au poids, compte ou mesure et non pesées, comptées, mesurées au décès.)

Avec les dettes incertaines, il ne faut pas confondre les dettes énumérées ci-dessous, déductibles d'après les distinctions suivantes :

1° Les dettes contractées sous une condition suspensive. Si la condition, dont l'accomplissement rétroagit au jour du contrat, vient à se réaliser avant la déclaration, la dette est déductible. Lorsque la condition se réalise après la déclaration, cette circonstance constitue un événement ultérieur susceptible de motiver la restitution des droits perçus en trop, si la prescription n'est pas acquise au Trésor.

2° Les dettes contractées sous une condition résolutoire, lesquelles sont déductibles, à moins que la condition ne soit réalisée avant la déclaration, la dette étant censée, dans ce cas, n'avoir jamais existé par suite de l'effet rétroactif de la condition. Si la condition s'accomplit ultérieurement, cet événement donne lieu à une déclaration complémentaire du montant de la dette déjà déduite, à titre de somme rentrée dans l'hérédité, par suite de l'anéantissement de la dette.

3° Les dettes certaines dans leur existence mais non liquidées ou indéterminées dans leur quotité. Ces dettes sont déductibles si elles sont liquidées avant la déclaration. Lorsque cette liquidation intervient après la déclaration, il y a lieu à revision de la perception, si les dettes ont été mentionnées pour mémoire dans l'état passif lors de la déclaration et si la prescription n'est pas acquise au Trésor.

Deuxième condition : Il faut que la dette résulte, au jour de l'ouverture de la succession, d'un titre susceptible de faire preuve en justice contre le défunt.

Par « titre », il faut entendre toute pièce écrite, même n'émanant pas du défunt ou non rédigée spécialement pour constater l'obligation, établissant par elle-même l'existence de la dette et de nature à permettre au créancier de poursuivre devant les tribunaux le recouvrement de sa créance.

Sont, par suite, exclues de la déduction :

1° Les dettes verbales ;

1° Les dettes pour lesquelles il n'existe qu'un commencement de preuve par écrit, même complété par des présomptions graves, précises et concordantes ;

3° Les dettes dont l'existence n'est justifiée que par un titre postérieur au décès. Ce titre non opposable au défunt n'est pas en effet susceptible de faire preuve en justice contre lui, au jour du décès.

Toutefois par exception « Les héritiers ou légataires seront admis, dans le délai de deux ans, à compter du jour de la « déclaration, à réclamer sous les justifications prescrites à l'article 4 (voir ci-dessous : justifications) la déduction des dettes établies par les opérations de la faillite ou de la liquidation judiciaire, ou par le règlement définitif de la distribution par contribution, *postérieurs* à la déclaration, et obtenir le remboursement des droits qu'ils auraient payés en trop. » (L. 25 février 1901, art. 5, § 3).

Dans ces hypothèses, la liquidation du passif rétroagit au jour du décès et l'acte qui l'établit justifie dès lors la déduction du passif. La distribution amiable, l'ordre amiable ou consensuel ne rentrent pas dans les prévisions de l'article précité.

JUSTIFICATIONS A FOURNIR PAR LES HÉRITIERS.

1° *Inventaire détaillé des dettes.* « Les dettes dont la déduction sera demandée seront détaillées, article par article, dans un inventaire sur papier non timbré, qui sera déposé au bureau lors de la déclaration de la succession et certifié par le déposant. » (L. 25 février 1901, art. 4, § 1).

Cet inventaire, établi sur papier non timbré, doit renfermer toutes les indications relatives à la nature de chaque dette (cause, nom, qualité, domicile du créancier, montant distinct du capital et des intérêts, date d'exigibilité, etc.). Spécialement à l'égard des dettes non justifiées par des actes authentiques, il doit relater tous renseignements de nature à identifier le titre (nature, date, signature des billets, acceptation des lettres de change ou factures, mentions d'approbations par le défunt, etc.) (I. 3089, 17.)

2° *Enonciation ou production des titres.*

A. *Titres authentiques.* « A l'appui de leur demande en déduction, les héritiers ou leurs représentants devront indiquer soit la date de l'acte, le nom et la résidence de l'officier public qui l'a reçu, soit la date du jugement et la juridiction dont il émane, soit la date du jugement déclaratif de la faillite ou de la liquidation judiciaire, ainsi que la date du procès-verbal des opérations de vérification et d'affirmation de créances ou du règlement définitif de la distribution par contribution. » (L. 25 février 1901, art. 4, § 2).

Il suffit de fournir ces indications dans l'inventaire du passif ; il appartient ensuite à l'Administration d'en vérifier l'exactitude soit par rapprochement avec l'enregistrement ou l'acte, soit à l'aide de demandes de renseignements ou de bulletins de contrôle, à mentionner en marge de l'inventaire.

B. *Autres titres.* « Les héritiers devront représenter les autres titres ou en produire une copie collationnée ».

« Le créancier ne pourra, sous peine de dommages intérêts, se refuser à communiquer le titre sous récépissé ou à en laisser prendre sans déplacement une copie collationnée par un notaire ou le greffier de la justice de paix. Cette copie portera la mention de sa destination; elle sera dispensée du timbre et de l'enregistrement tant qu'il n'en sera pas fait usage soit par acte public soit en justice ou devant toute autre autorité constituée. Elle ne rendra pas par elle-même obligatoire l'enregistrement du titre.» (L. 25 février 1901, art. 4 § 3 et 4).

Cette règle s'applique aux livres de commerce obligatoires du créancier du défunt commerçant lesquels peuvent faire preuve, s'ils sont régulièrement tenus, de la dette commerciale du défunt, dans les conditions prévues par l'art. 12 du C. Commerce.

Les extraits ou copies collationnées de ces livres doivent constater le caractère obligatoire de ces livres et leur tenue régulière, et, d'autre part, l'absence sur ces mêmes livres de toute mention susceptible de détruire l'effet d'une mention de dette à la charge du défunt.

Le receveur restitue les titres, livres, extraits ou copies lors de la remise de la quittance des droits et après avoir mentionné et certifié leur production, en marge de l'inventaire du passif. L'Administration ne peut exiger une seconde production, sauf ce qui est dit ci-après au sujet des livres de commerce du défunt.

C. *Livres de commerce du défunt.*

Production volontaire.

Si la demande de déduction est basée sur les livres de commerce du défunt, ces livres doivent être produits depuis la date de la plus ancienne mention de dette invoquée jusqu'au jour du décès, par suite du caractère d'indivisibilité des énonciations de ces livres (I. 3058 p. 17).

La production de ces livres ne peut être remplacée par celle d'une copie collationnée.

Production obligatoire.

S'il s'agit de dettes commerciales l'administration pourra exiger, sous peine de rejet, la production des livres de commerce du défunt (I. 3670-5).

Ces livres seront déposés pendant cinq jours au bureau qui reçoit la déclaration, et ils seront, s'il y a lieu, communiqués une fois, sans déplacement, aux agents du service du contrôle, pendant les deux années qui suivront la déclaration, sous peine d'une amende égale aux droits qui n'auront pas été perçus par suite de la déduction du passif. (L. 25 février 1901, art. 3).

Le délai de cinq jours est un délai maximum. Il ne peut être étendu, si le cinquième jour est férié. (I. 3058, p. 12).

Le droit de communication s'applique à tous les livres de commerce du défunt, même irréguliers ou facultatifs.

Le receveur doit mentionner et certifier cette production en marge de l'inventaire du passif et les agents du contrôles doivent, le cas échéant, indiquer de la même manière que le droit de communication a été épuisé par une deuxième production.

3° *Attestation du créancier.*

« L'agent de l'Administration aura, dans tous les cas, la faculté d'exiger de l'héritier la « production de l'attestation du créancier certifiant l'existence de la dette à l'époque de l'ou- « verture de la succession. »

« Cette attestation, qui sera sur papier non timbré, ne pourra être refusée sous peine de dommages-intérêts toutes les fois qu'elle sera légitimement réclamée. Le créancier qui attestera l'existence d'une dette déclarera, par une mention expresse, connaître les dispositions de l'article 9 relatives aux peines en cas de fausse attestation. » (L. 25 février 1921, art. 6).

L'attestation doit être demandée par l'Administration aux héritiers et non aux créanciers. Elle doit émaner d'une autre personne que l'héritier, délivrée par l'héritier créancier elle est sans valeur. Elle est délivrée : — par tous les créanciers conjoints ; — ; par le nu-propriétaire de la créance pour le capital et par l'usufruitier pour les intérêts ; — par l'un quelconque des créanciers solidaires — par le représentant légal du créancier incapable. L'attestation doit être déposée au bureau (I. 3058, p. 13).

Elle est obligatoire pour la régularité de la déduction dans les deux cas suivants :

1° Dette échue depuis plus de trois mois avant le décès (L. février 1901, art. 7-10) ;

2° Dette hypothécaire garantie par une inscription périmée depuis plus de trois mois (même article — 2°).

Si elle n'a pas été exigée, lors de la déclaration, l'attestation peut être produite ultérieurement par les héritiers pour justifier la déduction.

Le receveur a la faculté de demander l'attestation du créancier dans tous les autres cas, mais il doit exercer ce droit au moment de la déclaration ; l'attestation facultative ne peut plus être réclamée ultérieurement.

Toutefois, l'Administration recommande aux agents d'exiger l'attestation notamment dans les cas suivants :

1° Dettes résultant d'effets de commerce souscrits et acceptés par le défunt mais non endossés antérieurement au décès (I. 3058, p. 17) ;

2° Dettes contractées par actes s.-s. p. surtout s'il y a doute sur la sincérité ou s'il s'agit de dettes importantes (I. 3058, p. 18) ;

3° Dettes résultant des livres de commerce du défunt lorsqu'ils ne sont pas parfaitement tenus ou s'il y a doute (I. 3058, p. 17).

4° Dettes résultant des livres de commerce du créancier du défunt ;

5° Emprunts contractés au Crédit Foncier, afin de limiter la déduction à la somme restant due en capital (I. 3217 — II).

Pouvoir d'appréciation de l'Administration.

Déduction.

« Toute dette au sujet de laquelle l'agent de l'Administration aura jugé les justifications insuffisan-« tes ne sera pas retranchée de l'actif de la succession pour la perception du droit, sauf aux parties « à se pourvoir en restitution, s'il y a lieu, dans les deux années à compter du jour de la déclaration.

« Néanmoins, toute dette constatée par acte authentique et non échue au jour de l'ouverture de la « succession ne pourra être écartée par l'Administration, tant que celle-ci n'aura pas fait juger qu'elle « est simulée. L'action pour prouver la simulation sera prescrite après cinq ans à compter du jour de « la déclaration (L. 25 février 1901, art. 5).

Contrôle de l'actif.

Quelle que soit la nature des justifications fournies « l'Administration aura le droit de puiser dans les titres ou livres produits, les renseignements permettant de contrôler la sincérité de la déclaration de l'actif dépendant de la succession, et, en cas d'instance, la production de ces titres ou livres ne pourra être refusée (L. 25 février 1901, art. 3, al. 4).

EXCEPTIONS AU PRINCIPE DE LA DÉDUCTION DES DETTES.

Ne seront pas déduites :

1° « Les dettes échues depuis plus de trois mois avant l'ouverture de la succession, à « moins qu'il ne soit produit une attestation du créancier en certifiant l'existence à cette épo-« que, dans la forme et suivant les règles déterminées à l'art. 6 ». (L. 25 février 1901, art. 7, « n° 1).

En principe, l'attestation de l'héritier créancier est irrecevable, à moins que l'héritier soit renonçant et qu'il s'agisse d'une dette dont la simulation n'est pas présumée par application du n° 2 ci-dessous ; mais il peut être suppléé à cette justification par tous les moyens de preuve compatibles avec la procédure écrite susceptibles d'établir la non libération, notamment par des présomptions déduites des circonstances de l'affaire (I. 3058, p. 8).

2° « Les dettes consenties par le défunt au profit de ses héritiers ou de personnes inter-« posées. Sont réputées personnes interposées les personnes désignées dans les articles 911, « dernier alinéa, et 1100 du Code civil. »

« Néanmoins, lorsque la dette aura été consentie par un acte authentique ou par acte « sous-seing privé ayant date certaine avant l'ouverture de la succession, autrement que par « le décès d'une des parties contractantes, les héritiers, donataires et légataires, et les per-« sonnes réputées interposées auront le droit de prouver la sincérité de cette dette et son « existence au jour de l'ouverture de la succession ». L. 25 février 1901, art. 7, n° 2).

Pour que la déduction soit prohibée, il faut qu'il s'agisse d'une dette (civile ou commerciale I. 3335-7) consentie par défunt, par contrat, directement au profit de ses héritiers ou de personnes interposées.

Par « héritier », il faut entendre toute personne appelée à recueillir, à un titre quelconque un émolument dans la succession (I. 3255-9 ; 3390-5) ; alors même qu'elle serait renonçante (I. 3289-15) ; mais non : l'héritier exclu de la succession pour indignité ; l'héritier non réservataire exhérédé par la volonté du défunt ; le légataire dont le legs est devenu caduc par suite de la perte antérieure au décès, de la chose léguée (I. 3370-24).

Par « personnes interposées », il faut entendre 1° suivant l'art. 911 C. civ. — les père et mère, les enfants ou descendants, l'époux de l'héritier, donataire ou légataire, et 2° au sens de l'art. 1100 — les enfants de l'époux (du défunt) héritier, donataire, ou légataire issus d'un autre mariage et les parents dont cet époux héritier ou gratifié était lui même l'héritier présomptif, mais non les alliés de l'héritier (I. 3370-9 ; 3390-6 ; 3839-8).

Il suffit qu'au moment du décès, la qualité de créancier originaire du défunt et celle d'héritier ou de légataire soient réunies en la même personne ou que le créancier soit l'une des personnes réputées interposées, sans avoir égard à la date de la reconnaissance de dette ou à celle du testament du défunt. Toutefois, lorsqu'il s'agit de personnes interposées, au sens de l'art. 1100 C. civ., il convient de se reporter d'une part à la date du décès pour déterminer la qualité de l'héritier, de donataire ou de légataire de la personne dont il s'agit, et d'autre part, à la date de la reconnaissance de la dette, afin de trancher la question de savoir si, à cette date, l'héritier était lui-même héritier présomptif du parent créancier (I. 3370, p. 153).

Lorsque la dette a été consentie par un acte authentique ou par un acte s.-s. p., enregistré ou constaté (analysé et non simplement mentionné) dans un acte public, antérieurement au décès ; les héritiers et personnes interposées peuvent prouver la sincérité de la dette et son existence au décès par tous les moyens de preuve compatibles avec la procédure écrite.

3° « Les dettes reconnues par testament ». (L. 25 février 1901, art. 7, n° 3).

La déduction n'est possible que si la dette est établie par un titre préexistant, remplissant les conditions prévues par la loi ; dans ce cas, en effet, la dette n'est pas « reconnue » par le testament.

4° « Les dettes hypothécaires garanties par une inscription périmée depuis plus de trois « mois, à moins qu'il ne s'agisse d'une dette non échue et que l'existence n'en soit attestée

« par le créancier dans les formes prévues à l'art. 6 ; si l'inscription n'est pas périmée, mais « si le chiffre en a été réduit, l'excédent sera seul déduit, s'il y a lieu ». (L. 25 février 1901, art. 7, n° 4).

Le texte s'applique aux inscriptions d'hypothèque conventionnelle, légale ou judiciaire, d'hypothèque maritime, de privilèges (vendeur copartageant, etc. I. 3839, § 6) : mais non aux hypothèques et privilèges non inscrits (I. 3089, § 18). La radiation de l'inscription, si elle n'est pas la conséquence d'un acte libératoire (quittance, mainlevée de tous droits du créancier, etc)., n'est pas assimilée à la péremption et ne met pas obstacle, en principe, à la déduction (I. 2965-10).

La dette échue et garantie par une inscription périmée depuis plus de trois mois ne peut être déduite : la présomption de libération, dans ce cas, est irréfragable, aucune preuve contraire ne saurait être admise, même si la dette était justifiée par un procès-verbal de vérification de créances ou de règlement définitif d'une distribution par contribution (I. 3102-2, 3390-4).

La dette non échue, mais garantie par une inscription périmée depuis plus de trois mois peut être déduite si l'attestation du créancier est produite (art. 7, n° 4 ci-dessus).

La dette échue depuis plus de trois mois et garantie par une inscription non périmée ou périmée depuis trois mois seulement, au jour du décès, peut être déduite, si l'attestation du créancier est produite conformément aux prescriptions de l'art. 7-10 précité.

La dette échue, depuis trois mois, moins de trois mois ou non échue, et garantie par une inscription non périmée ou périmée depuis trois mois seulement est déductible sous les justifications ordinaires.

5° « Les dettes résultant de titres passés ou de jugements rendus à l'étranger, à moins « qu'ils n'aient été rendus exécutoires en France ; celles qui sont hypothéquées exclusive- « ment sur les immeubles situés à l'étranger ; celles, enfin, qui grèvent des successions « d'étrangers, à moins qu'elles n'aient été contractées en France et envers des Français ou « envers des sociétés et des compagnies étrangères ayant une succursale en France. » (Loi 25 février 1901, art. 7, n° 5).

A. Dettes contractées à l'étranger.

La disposition qui prohibe la déduction ne s'applique qu'aux actes authentiques passés et aux jugements rendus à l'étranger et, en principe, dans les pays de protectorat. Elle ne s'applique pas aux actes sous seing privé, souscrits à l'étranger, ni aux actes passés et aux jugements rendus aux colonies, émanant d'officiers publics et de tribunaux français.

Les dettes visées par la disposition sont déductibles lorsque l'acte ou le jugement étranger est exécutoire en France, soit de plein droit (jugement rendu dans les pays de protectorat par un tribunal exclusivement français ; jugement rendu par les tribunaux consulaires en Orient, après légalisation de la signature du consul par le Ministre des Affaires Etrangères, soit par un jugement d'exequatur, intervenu avant ou après le décès, émanant d'un tribunal français ou de l'autorité judiciaire spécialement désignée à cet effet.

B. Dettes hypothéquées exclusivement sur des immeubles situés à l'étranger.

Les privilèges sont assimilés aux hypothèques.

La disposition ne vise pas les dettes garanties par une hypothèque frappant à la fois des biens étrangers et des biens français, ces dettes sont déductibles en totalité (I. 3058, p. 9 ; ni les dettes hypothéquées sur des immeubles situés dans les colonies (I. 3335-12).

C. Dettes grevant des successions d'étrangers.

Les dettes ne sont pas déductibles dès lors que le défunt était de nationalité étrangère, quel que soit le pays où il était domicilié. Toutefois, elles sont déductibles lorsqu'elles ont été contractées en France, c'est-à-dire constatées par un titre dressé en France, et que, de plus, elles sont souscrites envers un Français ou envers une société ou compagnie étrangère ayant une succursale en France.

Par suite, la dette contractée, même en France, au profit d'un étranger et celle contractée à l'étranger envers un Français, ne peuvent être déduites.

6° « Les dettes en capital et intérêts pour lesquelles le délai de prescription est accom- « pli, à moins qu'il ne soit justifié que la prescription a été interrompue ». (L. 25 février 1901, art. 7, n° 6).

Délais de prescription. Capital des créances, Billets à ordre irréguliers : 30 ans (C. civ. 2262) : — lettres de change, billets à ordre souscrits par des commerçants pour faits de commerce : 5 ans du jour du protêt, à défaut, du lendemain de l'échéance ou, si ce jour est férié, du surlendemain (C. com. 189) ; — arrérages de rentes, de pensions, loyers, fermages, intérêts : 5 ans (C. civ. 2277) : — action des médecins, chirurgiens, pharmaciens : 2 ans (L. 30 nov. 1892, 11) ; — prix de marchandises vendues à des non commerçants, prix de pension, gages de domestiques loués à l'année : 1 an (C. civ. 2272) : — action des maîtres, instituteurs, hôteliers, traiteurs, ouvriers ou gens de travail : 6 mois (C. civ. 2271).

La prescription est acquise lorsque le dernier jour du terme, fut-il férié et accompli. Elle se calcule de quantième à quantième (C. civ. 2260-2261).

La dette est déductible, s'il est justifié par un titre, susceptible de faire preuve en justice, qu'après l'expiration du délai de prescription, le de cujus a renoncé à s'en prévaloir, ou que la prescription a été régulièrement interrompue.

La prescription est interrompue par une demande en justice, même devant un juge incompétent, une citation en conciliation devant le juge de paix suivie d'assignation en justice dans les délais légaux, un commandement, une saisie, la reconnaissance expresse ou tacite du débiteur (C. civ. 2245 à 2248). L'effet interruptif de la demande en justice ne subsiste que si cette demande aboutit.

La déduction est également admise, s'il est prouvé que la prescription a été suspendue soit par une exception tirée de la qualité du créancier (mineur, interdit, femme mariée), soit par une exception inhérente à la modalité de créance (condition suspensive, action en garantie, créance à terme non échue, etc.).

Calcul de la taxe.

Par suite de la référence établie au point de vue de la liquidation, entre la taxe et les droits de mutation par décès par l'art. 29 de la loi du 25 juin 1920, le capital global net imposable, déterminé conformément aux règles exposées ci-dessus, doit être arrondi, pour le calcul de la taxe, de franc en franc, lorsqu'il ne dépasse pas 500 fr. (L. 30 mars 1902, art. 11), et, de 20 fr. en 20 fr., lorsqu'il précède cette somme (L. 27 ventose, an IX, art. 2).

Toute fraction de centime de taxe donne lieu à la perception d'un centime au profit du Trésor (L. 22 frimaire, an VII, art. 39). Cette règle a été observée dans le barème ; elle doit être appliquée dans le calcul des pénalités.

Pour toute déclaration complémentaire, il est nécessaire de procéder à la révision de la liquidation de la taxe, en tenant compte des sommes imposées et de la taxe perçue lors des déclarations précédentes. (I. 3058, p. 22 - R. E. 7204 XVI).

Paiement de la taxe.

Contribution à la taxe.

Principe.

« *Le payement de la totalité de la taxe est à la charge des héritiers, donataires ou léga-* « *taires universels ou à titre universel* qui doivent l'effectuer dans les mêmes délais que les « droits de mutation par décès ». (L. 25 juin 1920, art. 29).

De plus, la taxe constitue une *dette de l'hérédité* (I. 3670, § 24).

Il en résulte que seuls les « héritiers, donataires ou légataires universels ou à titre universel » doivent supporter définitivement la taxe, à concurrence pour chacun d'eux d'une fraction proportionnelle à la part qu'il recueille à ce titre, dans la succession, sans déduction des legs particuliers ou de la fraction de ces legs dont sa part est grevée (I. 3645). Les règles de la contribution au passif successoral se trouvent ainsi appliquées à la taxe.

Dans les successions vacantes, les biens sont censés transmis à « l'hérédité », en vertu d'une fiction admise par la jurisprudence. L'hérédité est tenue, comme un successeur universel, au paiement du passif successoral et notamment de la taxe. Elle est représentée par le curateur.

Les donataires de biens particuliers (en vertu d'une institution contractuelle ou d'une donation éventuelle à cause de mort), *et les légataires à titre particulier ne contribuent pas au paiement de la taxe.*

Le bénéficiaire d'une révision éventuelle à cause de mort, d'une rente (R. E. 7437, II), d'un usufruit particulier (R. E. 7802, III) ; le bénéficiaire dénommé d'une police d'assurance sur la vie (R. E. 7933) : l'appelé à des biens grevés de substitution dans la succession du défunt, sont des ayants droit à titre particulier non obligés au paiement de la taxe.

La suppression, pour les successeurs universels ou à titre universel, de tout recours contre les autres ayants-droit n'est pas d'ordre public, il est permis d'y déroger, mais la clause testamentaire qui met à la charge des donataires ou légataires particuliers le paiement de tout ou partie de la taxe n'est pas opposable à l'Administration ; elle n'est valable qu'entre les successibles, et a pour effet, si elle est explicite, de diminuer l'importance de la donation ou du legs du montant de la taxe mise à leur charge (*J. Off.*, 30 novembre 1924 : Ch. Deb., p. 4000, col. 3-R. E. 8131 et 8214.

Successeurs contribuables.

De l'exposé qui précède, il résulte que le paiement de la taxe incombe définitivement aux « héritiers, donataires ou légataires universels ou à titre universel », et, dans les successions vacantes, à « *l'hérédité* » représentées par le curateur.

Selon la terminologie traditionnelle de la législation fiscale, le mot « *héritier* » vise non seulement les héritiers légitimes ou naturels, d'après la loi civile, mais encore les successeurs irréguliers et les héritiers anomaux (R. E. 7342).

Les successeurs irréguliers sont : 1° le conjoint survivant qu'il recueille, *ab intestat*, la pleine propriété des biens de son époux, ou l'usufruit d'une partie de sa succession : dans ce dernier cas, il se trouve, en réalité, dans la situation d'un successeur à titre universel (I. 3736, § 30 — R. E. 7342 et 7628) ; 2° l'Etat succédant à défaut du conjoint ; 3° certains établissements publics, dans des cas déterminés : département (enfants assistés, L. 27 juin 1904, art. 41) ; Caisse des Invalides de la marine (marins et personnes mortes en mer, Loi 30 avril — 13 mai 1791) ; hospices (malades traités, L. 14 octobre — 3 novembre 1809) ; Caisse des Retraites pour la Vieillesse (capitaux déposés, L. 20 juillet 1886, art. 18).

Les successeurs anomaux sont les bénéficiaires d'un droit de retour légal, prévu par les articles 351, 747, 765 et 766 du C. civ. ; lequel constitue un véritable droit successoral (R. E. 7495, XIX).

Le donataire ou légataire universel est celui qui est appelé à recueillir en propriété ou nue propriété l'universalité de la succession, seul ou conjointement avec d'autres, en vertu d'une institution contractuelle, d'une donation éventuelle à cause de mort, ou d'une disposition testamentaire, sans assignation de parts.

Le *donataire ou légataire à titre universel* est celui qui est appelé à recueillir en usufruit l'universalité de la succession ou qui recueille, soit en toute propriété, soit en nue propriété ou en usufruit, une quote-part fixe des biens de la succession ou tous les immeubles, ou tous les meubles ou une quotité fixe de tous les immeubles ou de tous les meubles du défunt, en vertu d'une disposition à son profit, insérée dans les actes de libéralité susvisés.

Part contributive des débiteurs de la taxe.

La taxe est supportée, en totalité, par les héritiers, donataires ou légataires universels ou à titre universel ; elle présente le caractère d'un prélèvement effectué par l'Etat sur la masse héréditaire et constitue ainsi une dette de l'hérédité. (Voir Nature de la taxe).

Les règles de la contribution en matière de passif successoral lui sont donc applicables (C. civ. 870 et 871).

Deux principes dominent cette matière :

1° Le passif héréditaire est une charge de l'universalité du patrimoine et non de chacun des objets particuliers dont l'hérédité se compose : il ne peut, dès lors, être supporté que par ceux qui succèdent à l'universalité du patrimoine ou à une quote-part de cette universalité (successeurs universels ou à titre universel), à l'exclusion de ceux qui recueillent seulement des objets particuliers dépendant de la succession (successeurs à titre particulier) ;

2° Chaque successeur universel contribue aux dettes dans la proportion de la fraction de l'universalité qu'il recueille :

Il en résulte que chacun des successeurs universels ou à titre universel est tenu de contribuer aux dettes héréditaires dans la proportion de la quote-part qu'il est appelé à recueillir dans l'actif héréditaire, d'après la nature de son titre, eu égard au concours des autres successeurs universels ou à titre universel appelés avec lui à l'hérédité, et, sans déduction de la valeur des legs particuliers qui lui sont imposés.

Exemple : Si le défunt laisse trois enfants et un légataire universel de la quotité disponible, c'est-à-dire du quart, les enfants et ce légataire contribueront aux dettes chacun pour un quart.

Lorsqu'un legs particulier est fait au profit d'un successeur universel, celui-ci ne contribue aux dettes de la succession que dans la proportion de la fraction qu'il recueille à titre universel. Si, par exemple, le défunt laissant deux enfants a légué à l'un d'eux une somme équivalente à la quotité disponible, chacun des enfants contribuera au passif pour moitié.

Le successeur universel ou à titre universel doit contribuer aux dettes proportionnellement à sa quote-part dans l'universalité du patrimoine, sans qu'il y ait lieu de tenir compte des legs particuliers dont sa part est grevée. Ainsi, un légataire universel en concours avec un héritier réservataire de moitié contribue au passif pour moitié, bien qu'il supporte tous les legs particuliers. Il en serait ainsi, alors même que l'héritier serait le bénéficiaire de ces legs.

Lorsque le legs à titre universel porte, non pas sur une quote-part du patrimoine, mais sur tous les immeubles ou sur tous les meubles, ou sur une quote-part des uns ou des autres, le légataire à titre universel contribue au passif proportionnellement à la valeur du legs par rapport à l'ensemble de la succession, sans aucune déduction relativement aux legs particuliers.

Les successeurs anomaux sont de véritables héritiers à titre universels ; ils doivent contribuer aux dettes proportionnellement à l'importance relative des biens qu'ils prennent dans la succession en exerçant leur droit de retour légal.

Par application de ces règles à la taxe, chacun des héritiers, donataires ou légataires universels ou à titre universel doit contribuer à la taxe proportionnellement à la quote-part qu'il est appelé à recueillir dans l'universalité du patrimoine, en la dite qualité, et, sans déduction des legs particuliers à sa charge. I. 3645 — R. E. 7271).

La quote part du patrimoine revenant à chacun des successeurs universels ou à titre universel est déterminée, conformément aux règles du droit civil relatives à la dévolution successorale *ab intestat*, à la réserve et à la quotité disponible, et en tenant compte des dispositions testamentaires du défunt, ainsi que des donations à cause de mort consenties par lui.

Toutefois, la réduction des libéralités qui excèdent la quotité disponible ne s'opère pas de plein droit ; il n'appartient donc pas au receveur de réduire d'office les libéralités excessives.

Pour opérer cette réduction, de même que pour établir la valeur relative d'un legs à titre universel d'une espèce de biens, il est nécessaire de déterminer la valeur du patrimoine.

Or, le capital global brut de la succession, établi conformément aux règles exposées, après distraction des charges et avant déduction du passif, ne comprend pas les rapports Par contre., il comprend des biens qui ne dépendent pas du patrimoine, mais qui ont été réunis fictivement à ce patrimoine pour la liquidation de la taxe, tels que : les assurances sur la vie souscrites par le défunt au profit de personnes nommément désignées, les biens grevés de substitution dans la succession du défunt, qui ne doivent pas contribuer au paiement du passif héréditaire.

Il convient donc de distraire la valeur de ces biens du capital global brut de la succession et d'y ajouter les rapports pour dégager la valeur du patrimoine.

Le défunt peut déroger aux règles de la contribution en matière de passif successoral ; il ne peut apporter aucune modification à ces règles, relativement à leur application à la taxe, toute clause contraire ne serait pas opposable au Trésor.

L'absence de successeurs universels ou à titre universel ne met pas obstacle à l'exigibilité de la taxe, car l'hérédité peut alors être déclarée vacante et le paiement de l'impôt est alors réclamé au curateur. Il en est de même, lorsque les héritiers naturels ont renoncé I. 3670, § 24) : R. E. 7340).

La taxe constituant une dette de l'hérédité entraîne la réduction des libéralités qui absorbent l'actif de la succession ou qui portent atteinte à la réserve . il en résulte les conséquences suivantes :

1° Dans le cas où un legs particulier absorbe l'actif héréditaire et où les héritiers naturels ont renoncé à la succession, l'Administration est fondée à provoquer la déclaration de vacance de la succession et à obtenir du curateur le versement de la taxe, après déduction du legs ;

2° Dans le cas où les legs particuliers portent atteinte à la réserve, il appartiento à l'héritier réservataire non renonçant, de faire réduire ces libéralités et d'acquitter la taxe (I. et R. E. précitées).

Obligation à la taxe. — Personnes tenues de souscrire la déclaration et de payer la taxe.

Principe « sont applicables à la taxe les dispositions qui régissent le payement et le recouvrement des droits de mutation par décès ». (L. 25 juin 1920, art. 29).

Ces dispositions sont les suivantes :

1° DÉCLARATION « Les héritiers, donataires ou légataires, leurs tuteurs ou curateurs seraient tenus de passer déclaration des mutations par décès ». L. 22 frimaire an VII, art. 27, § 2).

Ce texte signifie que chaque successeur est tenu de déclarer les biens sur lesquels il doit l'impôt.

Les expressions « tuteurs ou curateurs » ne sont pas limitatives ; elles désignent, dans l'esprit de la loi, tous les représentants légaux des successeurs incapables (Cass. civ., 4 août 1807 ; Dall., n° 4033). Tels sont : le père, administrateur légal des biens de son enfant mineur (I. 3872, § 5) ; le mari, administrateur légal des biens de sa femme, sous le régime de la communauté ou exclusif de communauté, et, sous le régime dotal, à l'égard des biens dotaux; le syndic pour les biens du failli ; le curateur d'une succession vacante (I. 2735, § 2) ; le consul pour les héritiers étrangers demeurant hors de France; mais non : l'exécuteur testamentaire (I. 3089, § 13) ; le liquidateur judiciaire, le séquestre, l'administrateur judiciaire, s'il n'est habilité spécialement par mandat de justice.

Il en résulte, en ce qui concerne la taxe, que les héritiers, donataires ou légataires universels ou à titre universel, et pour eux s'ils sont incapables, leurs représentants légaux, sont tenus chacun de souscrire la déclaration, sauf application de la solidarité entre héritiers, et que la déclaration doit comprendre tous les éléments nécessaires à la liquidation de la taxe à laquelle ils contribuent.

2° PAIEMENT — PÉNALITÉS. — Les droits des mutations par décès seront payés avant l'enregistrement. (L. 22 frimaire an VII, art. 28).

Les droits des déclarations des mutations par décès seront payés par les héritiers, donataires ou légataires (même loi, art. 32, § 1).

D'autre part, l'art. 39 (même loi) met à la charge personnelle des héritiers, donataires ou légataires et des tuteurs ou curateurs, les pénalités pour déclaration tardive, omission ou insuffisance. Cette règle n'a pas été modifiée par l'art. 12, § 5 de la loi du 8 avril 1910.

De la combinaison de ces textes, il résulte que sont tenues au paiement des droits, les personnes qui doivent souscrire la déclaration, c'est-à-dire les débiteurs des droits ou, en principe, leurs représentants légaux.

L'Administration soutient que l'obligation d'acquitter les droits incombe, dès lors, à tous les représentants légaux des successeurs incapables, sous peine de supporter personnellement, les pénalités prévues, mais la jurisprudence paraît limiter l'application des pénalités aux seuls « tuteurs ou curateurs des héritiers, donataires ou légataires », à l'exclusion des autres administrateurs.

Il est reconnu que « les tuteurs ou curateurs des héritiers, donataires ou légataires », sont tenus au paiement des droits, alors même qu'il n'existerait pas de fonds disponibles appartenant à l'incapable et qu'ils sont passibles, personnellement, des peines prévues en cas de déclaration tardive, omission ou insuffisance (Cass. 25 octobre 1808 et 1er décembre 1812 ; J. 3608, 4489).

La contrainte doit être décernée pour les droits simples, à la fois contre le mineur ou interdit et contre le tuteur ou curateur ; pour les pénalités contre le tuteur ou curateur seul. Elle n'est signifiée qu'au tuteur ou curateur.

Au tuteur est assimilé le père, administrateur légal des biens de son enfant mineur, héritier, donataire ou légataire (Cass. req., 11 février 1925. I. 3872, § 5 . R. E. 8142).

Par contre, la même assimilation a été refusée au mari, administrateur légal des biens de sa femme (Cass. civ., 10 novembre 1874. I. 2509, § 2). Pris en cette qualité, le mari n'a pas à faire l'avance des droits avec des fonds personnels et ne supporte aucune pénalité : il a uniquement qualité pour souscrire la déclaration, sa femme héritière, donataire ou légataire, reste seule débitrice de l'impôt et des pénalités.

La contrainte doit, par suite, être décernée contre la femme, personnellement, et contre son mari, pour l'autoriser ou pour la validité. Toutefois, elle est décernée également contre le mari, lorsqu'il a autorisé sa femme, commune en biens, à accepter la succession ; de plus, le recouvrement des droits et pénalités dus, sur la succession échue à la femme, commune en biens, peut être poursuivi contre le mari, chef de la communauté, sur les biens communs et sur ses biens personnels, si la succession tombe dans la communauté ou est échue avant le mariage. D'une manière générale, il y a lieu de tenir compte, à cet égard, du régime matrimonial et de la nature des biens soumis aux droits.

De même, le curateur d'une succession vacante ne doit pas faire l'avance des droits. Il doit seulement passer la déclaration dans le délai légal ou dans les six mois de sa nomination, si elle est intervenue après l'expiration du délai et la pénalité de retard ne lui est pas réclamée, lorsque le défaut de déclaration a eu pour cause l'absence de fonds héréditaires disponibles (I. 290, § 70-2598, p. 22.)

La contrainte est décernée contre le curateur représentant l'hérédité.

Elle est décernée contre le failli et signifiée non seulement à ce débiteur, mais au syndic.

En ce qui concerne la taxe, ces règles doivent être appliquées suivant les mêmes distinctions, aux héritiers, donataires ou légataires universels ou à titre universel et à leurs représentants légaux.

3° SOLIDARITÉ. — Pour le paiement des droits de mutation par décès « les cohéritiers sont solidaires ». (L. 22 frimaire an VII, art. 32, § 2).

Par suite de la référence établie par l'art. 29 de la loi du 25 juin 1920 précité, cette règle est applicable à la taxe.

En vertu de cette solidarité, chaque cohéritier peut être contraint à souscrire la déclaration et à payer, en totalité, la taxe et les droits dus par lui-même et par ses cohéritiers, en leur qualité commune d'héritiers.

La qualité d'héritier est réservée par la loi civile aux parents, légitimes ou naturels, même bénéficiaires, appelés à la succession *ab intestat*.

La solidarité ne se présumant pas (C. civ. 1202), ne saurait être étendue aux autres successeurs : successeurs irréguliers, héritiers anomaux ou contractuels, donataires ou légataires universels ou à titre universel. Ces divers ayants-droit ne sont solidaires, ni entre eux, ni avec les héritiers : chacun d'eux n'est tenu à la déclaration et au paiement de la taxe et des droits que dans la mesure de son émolument (I. 3089, § 13 ; *J. Off.*, 26 mai 1925 ; Ch. déb., p. 2416, col. 22 ; R. E., 8270, XVI).

De même, pour le paiement des droits de mutation par décès, il n'existe aucune solidarité entre les donataires ou légataires particuliers, ni entre eux et les autres successeurs.

La solidarité s'applique entre cohéritiers, uniquement à la taxe et aux droits dus par eux, en leur qualité d'héritiers et non à la fraction de taxe et aux droits exigibles, à raison des biens recueillis par l'un ou plusieurs d'entre eux à un autre titre.

Les ayants-droit qui réunissent la double qualité de légataire universel et d'héritier sont solidaires ou non avec les héritiers, suivant que leur émolument est taxé en qualité d'héritier ou de légataire universel, lors de la déclaration (I. 3670, § 25).

L'héritier unique d'un cohéritier est solidaire avec les cohéritiers de son auteur ; les héritiers d'un cohéritier, ou d'un donataire ou légataire ne sont pas solidaires ; ils sont tenus au paiement de la taxe, chacun pour la part virile.

Exception. Les ascendants, descendants et le conjoint des militaires, anciens militaires et civils morts victimes de la guerre sont exonérés de la solidarité susvisée, dans les conditions indiquées ci-après, sous le titre Exemption.

Privilège de l'administration.

Pour assurer le recouvrement des droits de mutation par décès et par suite de la taxe, l'Administration a, en dehors de l'action personnelle contre les héritiers, donataires ou légataires, une action privilégiées sur les revenus des biens à déclarer, en vertu de l'art. 32 de la loi du 22 frimaire, an VII, ainsi conçu : « La Nation aura action sur les revenus des biens à déclarer, en quelques mains qu'ils se trouvent, pour le paiement des droits dont il faudrait poursuivre le recouvrement ».

Ce privilège porte uniquement sur les revenus des biens à déclarer et non sur les capitaux mobiliers ou immobiliers de la succession. Il ne confère aucun droit de suite, hors des mains des héritiers, donataires ou légataires ; il n'est soumis à aucune condition spéciale de publicité (I. 2214, § 8).

L'Administration peut requérir l'inscription du privilège de séparation de patrimoines (I. 3167, § 4) ; de plus, comme créancière de l'hérédité, elle a le droit de venir au marc le franc, pour le montant de sa créance (taxe et droits) sur les capitaux mobiliers et immobiliers formant l'actif de la succession (I. 2389, § 7).

Le privilège sur les immeubles créé par l'art. 7, § 5 de la loi du 13 juillet 1911 est limité au cas où le paiement différé des droits aura été autorisé en exécution, soit des dispositions de l'art. 7 précité, soit de celles de l'art. 50 de la loi du 13 juillet 1925 (I. 3350, § 6 - 3670, § 24 - 3860, § 15 - 3872, § 21).

Exemptions de la taxe.

Dons et legs à l'Etat.

« Sont exemples du droit de mutation les acquisitions par décès faites par l'Etat ». (L. 22 frimaire an VII, art. 70, § 2 — 1°).

Cette exemption s'applique aux libéralités faites à l'Etat et aux établissements qui se confondent avec l'Etat, comme services publics, ou qui y sont assimilés comme établissements nationaux, tels que : l'Institut et les Académies, les Facultés, les écoles tenues par l'Etat, les musées nationaux, la Caisse d'épargne postale, la Caisse des Invalides de la Marine, un hôpital militaire, etc...

Legs aux Départements, Communes, Etablissements publics.

« Les départements, communes, établissements publics sont exemptés, pour les legs « qu'ils recueillent, du payement de la taxe successorale ». (L. 31 décembre 1917, art. 16, 1er alinéa).

Les établissements de l'Etat et les établissements nationaux sont déjà exemptés de la taxe par l'art. 70, § 2, n° 1, de la loi du 22 frimaire an VII, la disposition précitée s'applique donc plus particulièrement aux autres établissements publics, c'est-à-dire à ceux qui, se rattachant à un service public et d'une manière plus ou moins étroite à l'organisation administrative ont, néanmoins, une existence propre et une personnalité distincte de l'Etat, des départements et des communes ; tels sont : les hospices, bureaux de bienfaisance, collèges communaux, chambres de commerce ou d'agriculture, caisses d'épargnes, caisses des écoles, etc....

L'exemption ne s'applique pas aux établissements d'utilité publique, c'est-à-dire aux institutions privées qui ont obtenu du Gouvernement la personnalité civile, en raison des services qu'elles rendent, tels que : Monts de piété, certaines sociétés scientifiques, de secours mutuels, de bienfaisance, etc. .

Dons et legs pour l'érection de monuments aux morts de la guerre.

« Les dons et legs faits aux départements, aux communes, aux *établissements* publics ou « d'*utilité publique, les sociétés particulières ou autres groupements régulièrement consti-* « *tués, ainsi qu'aux gouvernements alliés*, en tant qu'ils sont affectés par la volonté ex- « presse du donateur ou du testateur à l'érection des monuments aux morts de la guerre ou « à la gloire de nos armes et des armées alliés, sont dispensés des droits de mutation. » (L. 30 juin 1923, art. 12 — I. 3784, § 16).

L'exemption s'étend aux dons et legs faits en vue de l'entretien de ces monuments à perpétuité (I. 3839, § 18).

Part des ascendants, descendants et du conjoint survivant des militaires, anciens militaires et civils tués par l'ennemi ou décédés victimes de la guerre.

« Sont exemptes de l'impôt de mutation par décès les parts nettes recueillies par les « ascendants et descendants et par la veuve du défunt dans les successions :

A. *Militaires et anciens militaires* : « 1° des militaires des armées françaises et alliées « de terre et de mer morts sous les drapeaux pendant la durée de la guerre ; 2° des militai- « res qui, soit sous les drapeaux, soit après renvoi dans leurs foyers, seront morts dans l'an- « née à compter de la cessation des hostilités, de blessures reçues ou de maladies contrac- « tées pendant la guerre. » (L. 26 décembre 1914 ; art. 6, § 1, nos 1 et 2).

Ces dispositions visent des successions ouvertes pendant la période écoulée entre le 2 août 1914 et le 23 octobre 1920 inclus. Elles sont indiquées pour mémoire dans le présent exposé, qui s'applique spécialement aux successions ouvertes postérieurement à l'expiration de cette période.

Ces dispositions sont d'ailleurs commentées Chap. Droits. — Réduction d'impôt en faveur des héritiers pères ou mères de famille nombreuse. — Application. — Militaires.

B. *Civils victimes de la guerre* : « 3° de toutes personnes tuées par l'ennemi au cours des « hostilités (L. 26 décembre 1914, art. 6, § 1, n° 3), et 4° des personnes tuées ou décédées « dans les conditions déterminées par l'art. 2 de la loi du 24 juin 1919, modifié par l'art. 1 « de la loi du 28 juillet 1921 (L. 29 juin 1920, art. 17).

Le sens des termes « tué par l'ennemi au cours des hostilités » est indiqué page 23.

Les « conditions » visées dans la deuxième partie du texte précité (décès des suites de faits de guerre sont exposées page 23, mais il y a lieu de remarquer que, dans ce dernier cas, il suffit que le décès soit survenu dans les dites conditions, *quelle que soit sa date*, pour que la succession bénéficie de l'exemption.

L'art. 17 de la loi du 29 juin 1920 a étendu la portée de l'art. 6 de la loi du 26 décembre 1914 et a donné à cet article un effet rétroactif qui s'applique aussi bien aux successions ouvertes avant la promulgation de la loi du 29 juin 1920, qu'à celles ouvertes depuis cette promulgation.

JUSTIFICATIONS.

« La déclaration de succession doit être accompagnée d'un certificat de l'autorité mili-« taire constatant que la mort a été causée par une blessure reçue ou une maladie contractée « pendant la durée de la guerre, ou, dans le cas de civils tués par l'ennemi, établissant les « circonstances du décès. » (L. 26 déc. 1914, art. 6, § 2).

Militaires et anciens militaires. — La disposition précitée, relative aux militaires et anciens militaires, a été reproduite par l'art. 34, § 2, n° 1 de la loi du 25 juin 1920. Voir les observations formulées pour l'application de cet article, Chap. Droits. — Réduction d'impôt en faveur des héritiers pères ou mères de famille nombreuse. — Application. — Militaires.

Civils. — Un certificat de l'autorité militaire est exigé. Voir observations à cet égard. Chap. Droits.— Réduction d'impôt en faveur des héritiers pères ou mères de famille nombreuse. — Application. — Militaires.

Ce certificat doit simplement établir « les circonstances du décès ». Il appartient et incombe donc aux agents d'examiner, dans chaque cas, si les circonstances décrites dans le certificat permettent de considérer le défunt comme tué par l'ennemi ou décédé des suites de faits de guerre (I. 3461, § 14 - I. 3645, § 15.)

Les certificats produits sont déposés, annotés du numéro et de la date de la déclaration et conservés au bureau (I. 3461, § 15).

BÉNÉFICIAIRES DE L'EXEMPTION.

Le bénéfice de l'exemption est réservé aux « ascendants, descendants et à la veuve du défunt ».

Les déclarations comprennent tous les aïeux, quel que soit leur degré, et les descendants : tous les enfants, petits enfants et leurs descendants, qu'ils soient légitimes, adoptifs, adultérins légitimés, ou naturels reconnus.

Les termes « veuve du défunt » ont le sens de : conjoint du défunt. Ils s'appliquent donc au mari de la femme dont la succession bénéficie de l'exemption.

Tous les autres successeurs du défunt, c'est-à-dire les collatéraux et les non-parents ne jouissent d'aucune immunité (I. 3461, § 7).

OBJET ET ÉTENDUE DE L'EXONÉRATION.

A. — *Exonération d'impôt.*

« Sont exemptes de l'impôt de mutation par décès les parts nettes recueillies par les « ascendants et descendants et par la veuve du défunt, dans les successions » susvisées. (L. 26 déc. 1914, art. 6, § 1).

L'expression « part nette » empruntée à l'art. 2 de la loi du 25 février 1901, a la signification qui lui est donnée dans cet article.

Elle est représentée par l'émolument, net, total, recueilli par le successeur, en vertu des titres divers qu'il peut faire valoir (I. 3058, p. 21). De sorte que l'immunité d'impôt est acquise non seulement aux biens dévolus à ce successeur, en vertu de sa vocation légale, mais encore à ceux qui lui adviennent à titre de légataire, de donataire ou, même de bénéficiaire, d'une assurance sur la vie (I. 3461, § 9). L'exonération est applicable à la totalité des biens échus aux bénéficiaires, quelles que soient leur origine ou leur importance (*J. Off.*, 20 mars 1918, Ch. déb., p. 979 ; R. E. 6817, IV).

Mais l'exonération est *personnelle* au bénéficiaire : elle ne s'applique qu'à la taxe et aux droits de mutation par décès dont le bénéficiaire aurait été personnellement débiteur, sur son émolument.

B. — *Remise de solidarité.*

« L'action solidaire pour le recouvrement des droits de mutation par décès conférée au « Trésor par l'art. 32 de la loi du 22 frimaire an VII, ne peut être exercée à l'encontre des « cohéritiers auxquels profite l'exemption accordée par le présent article ». (L. 26 décembre 1914, art. 6, § 3).

Suivant cette disposition et l'intention qui l'a dictée, toute action tendant à faire payer par les successeurs exonérés les droits dus par les successeurs non exemptés est interdite à l'Administration qui ne peut, dès lors, exercer ni l'action solidaire, ni le privilège sur les revenus (I. 3461, § 10 - R. E. 6372).

C. — *Maintien de la formalité de la déclaration.*

« La déclaration de ces successions doit néanmoins être souscrite dans les délais fixés « par l'art. 24 de la loi du 22 frimaire an VII ». (L. 26 décembre 1914, § 2).

La solidarité établie entre les cohéritiers par l'art. 32 de la loi du 22 frimaire, an VII, est attachée, à la fois, à l'obligation d'acquitter l'impôt et de passer déclaration (Cass. civ., 16 décembre 1907; I. 3255, § 12).

Il en résulte les conséquences suivantes :

1° Les héritiers exonérés restent solidaires ; chacun d'eux a qualité pour souscrire la déclaration ;

2° Les héritiers exonérés ne sont pas solidaires des héritiers non exonérés ; ils n'ont donc pas qualité pour souscrire la déclaration des biens échus à ces héritiers ;

3° Les héritiers non exemptés restent solidaires des héritiers exonérés ; ils doivent comprendre dans leur déclaration les biens échus à ces derniers, sauf à ne pas acquitter l'impôt dont ces biens sont exonérés en produisant les justifications prescrites (I. 3461, § 11 - R. E. 6372).

Liquidation de la taxe dans les cas d'exemption susvisés.

Le successeur exonéré peut recueillir soit la totalité, soit une partie seulement des biens qui composent le capital global net de la succession.

Dans le premier cas, l'exemption s'applique, sans difficulté, à l'intégralité de la taxe.

Dans le second cas, la taxe est évidemment calculée sur le capital global net de la succession, conformément aux prescriptions de l'art. 29 de la loi du 25 juin 1920, mais la question se pose de savoir de quelle manière l'exemption doit être appliquée.

En matière de mutations par décès, les exemptions d'impôt ont été inspirées par une pensée de bienveillance en faveur : d'une part, des parents en ligne directe et du conjoint des victimes de la guerre ; d'autre part, de certaines personnes morales et collectivités, en raison de leur utilité publique ou des intérêts généraux qu'elles représentent. Le législateur a voulu les affranchir de l'impôt, afin de ne pas diminuer le montant des dons et legs qui leur sont faits.

Ces exemptions sont ainsi personnelles à ces bénéficiaires ; elles s'appliquent à l'intégralité de l'impôt, objet de l'exonération, qui serait définitivement supporté par ces bénéficiaires, s'ils étaient soumis au régime commun ; elles ne peuvent profiter aux autres successeurs.

Il en résulte les conséquences suivantes :

Le successeur universel ou à titre universel, exonéré, est exempt du paiement de la totalité de sa part contributive dans la taxe, calculée conformément aux règles exposées, sans qu'il y ait lieu de distinguer, s'il est ou non, chargé de dons ou legs particuliers.

Inversement, l'exemption est sans application, en cas de legs particulier fait à un successeur exonéré.

En effet, suivant l'art. 29 de la loi du 25 juin 1920, le légataire particulier ne contribue pas au paiement de la taxe ; le successeur universel ou à titre universel, au contraire, doit supporter définitivement la taxe, d'après la nature de son titre, proportionnellement à sa quote-part dans la succession, c'est-à-dire, sans déduction des legs particuliers à sa charge, et, par suite, sans avoir égard à la qualité des bénéficiaires de ces legs.

Il est certain que l'Etat, héritier, ne doit aucune fraction de taxe, même lorsqu'il est en présence de légataires particuliers.

D'autre part, l'Administration paraît avoir admis cette interprétation pour l'application de l'exemption édictée en faveur des dons et legs faits notamment à des établissements d'utilité publique, des sociétés ou groupements régulièrement constitués, pour l'érection de monuments aux morts de la guerre. L'Instruction 3784, § 16 précise, en effet, à cet égard : « ... le terme général « droits de mutation » employé à propos des dons et legs, englobe « seulement les droits de mutation par décès proprement dits, mais non la fraction de taxe « successorale afférente, le cas échéant, aux legs faits aux collectivités dans le but spécifié « par la loi. Il n'en serait autrement que si la taxe successorale incombait à la collectivité « gratifiée, en tant que légataire universelle ou à titre universel ». L'exemption porte donc sur l'intégralité de la part contributive des collectivités exonérées dans le paiement de la taxe,et ne bénéficie pas aux autres successeurs.

Toutefois, la doctrine de l'Administration est différente en ce qui concerne l'exemption de taxe accordée aux départements, communes et établissements publics. Elle soutient que l'exemption édictée en leur faveur a été strictement limitée par l'art. 16, 1er alinéa, de la loi du 31 décembre 1917, aux « legs qu'ils recueillent », c'est-à-dire à l'émolument net revenant à ces personnes morales elles-mêmes, à l'exclusion de la partie affectée au paiement des legs particuliers. Elle estime dès lors, que cet article doit continuer à recevoir l'application qui lui était donnée sous le régime de cette loi (I. 3581, § 2 ; R. E., 7341) ; sa portée n'étant pas étendue par la loi de 1920 qui a seulement modifié les règles de la contribution au paiement de la taxe.

Il en résulte que l'établissement exonéré, légataire universel, est exempt de la taxe sur l'émolument net qui lui revient effectivement, mais qu'il reste astreint au payement de la même taxe sur le montant des legs particuliers à sa charge (R. E. 8215).

Inversement, les legs particuliers faits aux départements, communes, établissements publics restent exemptés de la taxe successorale, bien que l'exonération se trouve en fait bénéficier aux héritiers ou légataires universels ou à titre universel : il convient de déduire de la taxe, qui aurait été normalement à la charge de ces successeurs universels, la fraction proportionnelle au montant des legs faits aux collectivités exemptées. (J. Off. 1er mars 1921, Ch. Déb., p. 1091, col. 3 et p. 1092, col. 2 ; R. E. 7383 XVII ; J. Off. 2 septembre 1924, Ch. Déb. p. 3212, cole 2 ; R. E. 8097 V ; 8215).

Il y a tout lieu de croire que, par identité de motifs, la même doctrine administrative s'applique à l'exemption prévue en faveur des ascendants, descendants et conjoint des victimes de la guerre, pour « les parts nettes recueillies ». (I. 3581, § 2).

Cette interprétation a soulevé de sérieuses critiques.

Elle méconnaît d'ailleurs l'intention favorable certaine du législateur : elle a pour conséquence : d'une part, de faire supporter définitivement au successeur universel exonéré une part de taxe proportionnelle aux legs particuliers à sa charge, c'est-à-dire d'autant plus lourde qu'il recueille moins dans dans la succession ; d'autre part, elle fait bénéficier ou non de l'exemption, le successeur universel non exonéré, suivant qu'il se trouve ou non en présence d'un légataire particulier exonéré.

Suivant jugement du 18 décembre 1924, le Tribunal civil de Lyon a refusé d'admettre cette doctrine ; l'Administration a déféré ce jugement à la Cour de cassation qui est ainsi appelée à trancher la difficulté (R. E. 8215).

DROITS DE MUTATION PAR DÉCÈS

Loi du 22 frimaire. An VII, art. 4.

« Le droit proportionnel est établi... pour toute transmission de propriété, d'usufruit ou « de jouissance de biens meubles et immeubles, soit entre vifs, *soit par décès* ».

Nature des droits de mutation par décès.

L'impôt de mutation par décès « a le caractère d'une dette naissant avec l'ouverture de la succession et inhérente dès ce moment à tous les biens qui la composent ». (I. 2389, § 7).

D'autre part, l'art. 32, § 1 de la loi précitée, est ainsi conçu : « Les droits des déclarations des mutations par décès seront payés par les héritiers, donataires ou légataires ».

Il en résulte que les droits de mutation par décès constituent, à la fois, une dette de l'hérédité et une dette des héritiers, donataires ou légataires.

Exigibilité.

Le droit proportionnel de mutation par décès atteint toutes les transmissions qui s'opèrent par décès, ou qui, bien que consenties, à titre gratuit, entre vifs, par le défunt, ne se réalisent en fait qu'à son décès ; ainsi que les transmissions assimilées par la loi fiscale aux mutations par décès.

L'art. 4 précité de la loi du 22 Frimaire an VII, range les mutations en deux catégories : les transmissions entre vifs et les transmissions par décès.

La seconde embrasse les mutations par décès quel que soit le mode ou le titre de la dévolution, c'est-à-dire que la transmission soit réglée par la loi, par un testament ou un acte de libéralité à cause de mort.

Entrent également dans cette catégorie les transmissions assimilées par la loi fiscale aux mutations par décès : les assurances sur la vie contractées par le défunt, à titre gratuit, au profit de tiers nominativement désignés, et les envois en possession des biens d'un absent ou la prise de possession de ces biens.

Mutation par décès au profit des héritiers et légataires.

L'exigibilité de l'impôt sur ces mutations résulte tant de l'article 4 susvisé que des art. 24, 27, 32 et 39 de la même loi qui imposent aux héritiers et aux légataires l'obligation d'acquitter le droit proportionnel sur la valeur des biens qui leur sont dévolus.

Il résulte de ces textes que toute personne qui recueille, en qualité d'héritier ou de légataire, une fraction quelconque des biens héréditaires, est tenue de payer l'impôt de mutation par décès, sans qu'il y ait lieu de distinguer entre les personnes appelées à la succession par la loi ou le testament : héritiers légitimes ou naturels, héritiers anomaux, successeurs irréguliers, légataires.

Pour les successions vacantes la transmission est censée s'opérer du défunt à l' « hérédité », être moral représenté par le curateur. (I. 2735, § 2, p. 28).

Libéralités à cause de mort.

Si l'on s'en tenait aux principes du droit civil, l'impôt de mutation par décès ne devrait frapper que les transmissions qui s'opèrent au profit des héritiers ou des légataires, car ce sont les seules dont le décès soit la cause génératrice. La loi fiscale en a néanmoins étendu l'exigibilité aux transmissions consenties à titre gratuit, entre vifs, par le défunt, mais qui ne se réalisent en fait qu'à son décès, c'est-à-dire aux libéralités dites à cause de mort.

L'exigibilité de l'impôt de mutation par décès résulte, à leur égard, des textes précités ; des art. 65, § 3, n° 5 de la même loi et 45, n° 4 de la loi du 28 avril 1816, qui ne frappent les actes qui contiennent ces libéralités que du droit fixe applicable aux testaments ; et, des articles 53 de la dite loi du 28 avril 1816 et 33 de la loi du 21 avril 1832 lesquels, en modifiant les tarifs des droits de mutation par décès, rangent expressement parmi ces mutations celles qui s'effectuent « par testament ou « autres actes de libéralité à cause de mort ».

Ces libéralités comprennent toutes celles d'où ne dérive qu'une transmission éventuelle subordonnée à l'avènement du décès de l'une des parties », c'est-à-dire :

1° Les donations dont l'effet est subordonné à la condition suspensive du décès du donateur (I. 2349, § 5 ; 2447, § 4) telles que les réversions de rente ou d'usufruit, à titre gratuit (I. 2244, § 4 ; I. 2174, § 9, 2447, § 1) ; les donations entre époux, même de biens présents, en cas de décès du donateur.

2° Les institutions contractuelles : donations de biens à venir ou de biens présents et à venir, alors même qu'au décès du donateur, le donataire opterait pour les biens présents. (I. 1618, § 4 ; 1634, § 5 ; 2174 ; 2421, § 2).

Conservent, au contraire, le caractère de donations entre vifs, soumises au droit de donation : 1° les donations de biens présents entre époux, durant le mariage, si leur effet n'est pas subordonné à l'événement du décès du donateur (I. 2010 ; 2854, § 3) ; 2° les donations de biens présents dont l'effet est subordonné au prédécès, non du donateur, mais d'un tiers (I. 2335, § 6).

Toutefois, avec ces dernières, il ne faut pas confondre, les substitutions, lesquelles donnent ouverture au droit de mutation par décès, au décès du grevé : en effet, l'appelé recueille, au décès du grevé, des biens qui appartenaient au grevé sous condition résolutoire, il se produit donc une mutation du grevé à l'appelé, assujettie à l'impôt (I. 2190, § 6).

Assurances sur la vie.

D'après la jurisprudence civile, l'assurance contractée au profit des héritiers ou ayants-droit de l'assuré, ou au profit de personnes incertaines, ne produit aucun effet translatif direct, de sorte qu'au décès du stipulant, le capital assuré dépend de sa succession. L'impôt est, par suite, exigible sur ce capital dévolu aux héritiers, en vertu des règles qui précèdent.

Du même point de vue, l'assurance souscrite, à titre gratuit, au profit de bénéficiaires nominativement désignés, présente les caractères d'une stipulation pour autrui. Il en résulte que ce capital ne se trouve pas dans la succession de l'assuré et qu'il appartient *jure proprio* aux bénéficiaires.

L'exigibilité de l'impôt, dans ce cas, soutenue néanmoins par l'Administration qui assimilait, au point de vue fiscal, ces assurances à des dispositions à titre gratuit, soumises à l'événement du décès du disposant, et, admise par la jurisprudence (I. 2562, § 2) était controversée. Pour trancher la difficulté, ces assurances ont été assujetties à l'impôt de mutation par décès par l'art. 6 de la loi du 21 juin 1875, ainsi conçu :

« Sont considérés, pour la perception du droit de mutation par décès, comme faisant « partie de la succession d'un assuré, sous la réserve des droits de communauté, s'il en « existe une, les sommes, rentes ou émoluments quelconques dus par l'assureur, à raison « du décès de l'assuré. Les bénéficiaires à titre gratuit de ces sommes, rentes ou émolu- « ments sont soumis aux droits de mutation, d'après la nature de leurs titres et leurs rela- « tions avec le défunt, conformément au droit commun ».

L'assurance au profit du conjoint commun en biens est assimilée à une valeur de communauté et ne donne pas lieu à récompense (I. 3070, § 29).

Envois en possession des biens d'un absent ou prises de possession de ces biens.

Le jugement qui envoie les successeurs d'un absent en possession provisoire de ses biens a pour effet d'ouvrir, pour ainsi dire, au regard du Trésor, la succession de l'absent, bien qu'il ne puisse pas lui être attribué, en droit civil, une semblable portée. Il en est de même de la prise de possession de fait de ces biens.

L'exigibilité de l'impôt résulte de l'art. 40 de la loi du 28 avril 1916 déjà analysé, page 1 division — absence.

L'impôt de Mutation par décès ne peut pas être étendu à d'autres transmissions.

Cet impôt n'atteint pas : la jouissance légale des père et mère sur les biens héréditaires dévolus à leur enfant mineur ; les aliments réclamés par l'époux survivant à la succession de son conjoint, l'attribution au conjoint survivant des gains de survie stipulés en sa faveur par des conventions matrimoniales ; la reprise des biens donnés, par le donateur exerçant un droit de retour conventionnel ; les donations entre vifs de biens présents soumises au prédécès, non du donateur, mais d'un tiers ; les reversions de propriété, de rente ou d'usufruit, non stipulées à titre gratuit, mais qui constituent des pactes aléatoires, à titre onéreux, entre les parties contractantes.

Tarifs.

Tarif de la loi du 25 juin 1920, art. 30.

Cet article est ainsi conçu :

« Les droits de mutation par décès établis par les articles 2 de la loi du 25 février 1901, « 10 de la loi du 30 mars 1902, 10 de la loi du 8 avril 1910 et 11 de la loi du 31 décembre 1917 « sont fixés aux taux ci-après sans addition d'aucun décime, pour la part recueillie par chaque « ayant droit :

DEGRÉS DE PARENTÉ	TARIF APPLICABLE A LA FRACTION DE PART NETTE COMPRISE ENTRE											
	1 à 2.000 francs	2.001 et 10.000 francs	10.001 et 50.000 francs	50.001 et 100.000 francs	100.001 et 250.000 francs	250.001 et 500.000 francs	500.001 et 1 million	1.000.001 et 2 millions	2.000.001 et 5 millions	5.000.001 et 10 millions	10.000.001 et 50 millions	au delà de 50 millions
	p. o/o fr. c.	p. o/o fr. c.	p. o/o fr. c.	p. o/o fr. c.	p. o/o fr. c.	p. o/o fr. c.	p. o/o fr. c.	p. o/o fr. c.	p. o/o fr. c.	p. o/o fr. c.	p. o/o fr. c.	p. o/o fr. c.
Ligne directe descendante :												
au 1er degré	1 00	2 00	3 00	4 00	5 00	6 00	7 00	9 00	11 00	13 00	15 00	17 00
au 2e degré et entre époux	1 50	2 50	3 50	4 50	5 50	6 50	7 50	9 50	11 50	13 50	15 50	17 50
au delà du 2e degré	2 00	3 00	4 00	5 00	6 00	7 00	8 00	10 00	12 00	14 00	16 00	18 00
Ligne directe ascendante :												
au 1er degré	2 50	3 50	4 50	5 50	6 50	7 50	8 50	10 50	12 50	14 50	16 50	18 50
au 2e degré	3 00	4 00	5 00	6 00	7 00	8 00	9 00	11 00	13 00	15 00	17 00	19 00
au delà du 2e degré	3 50	4 50	5 50	6 50	7 50	8 50	9 50	11 50	13 50	15 50	17 50	19 50
Frères et sœurs	10 00	12 00	14 00	16 00	19 00	22 00	25 00	28 00	32 00	36 00	40 00	44 00
Oncles, tantes, neveux	15 00	17 00	19 00	21 00	24 00	27 00	30 00	33 00	37 00	41 00	45 00	49 00
Grands-oncles, petits-neveux et cousins germains	20 00	22 00	24 00	26 00	29 00	32 00	35 00	38 00	42 00	46 00	50 00	54 00
Parents au delà du 4e degré et non parents	25 00	27 00	29 00	31 00	34 00	37 00	40 00	43 00	47 00	51 00	55 00	59 00

Tarifs antérieurs maintenus par l'art. 33 de la loi du 25 juin 1920.

« Les parts nettes ne dépassant pas 10.000 fr. recueillies dans les successions dont le « montant total n'excède pas 25.000 fr., ainsi que les dons et legs faits aux départements, « communes et établissements publics ou d'utilité publique, continueront, conformément à « l'art. 12 et à l'art. 16, second alinéa, de la loi du 31 décembre 1917, à être soumis, en ce qui « concerne les droits de mutation par décès et les droits de donation, aux tarifs édictés par les « lois antérieures à la dite loi, sauf application aux mutations entre époux du tarif fixé par ces « lois pour les mutations en ligne directe au second degré.

« Les dons et legs, à titre particulier, faits aux mutilés de guerre frappés d'une invalidité « de 50 %, au minimum, bénéficieront, à concurrence des premiers 100.000 fr. du tarif réduit « de 9 % édicté par l'art. 19 de la loi du 25 février 1901 et maintenu par le présent article. » (L. 25 juin 1920, art. 33).

A. Tarif de l'art 10 de la loi du 8 avril 1910.

Parts nettes ne dépassant pas 10.000 francs recueillies dans les successions n'excédant pas 25.000 francs.

« Les parts **nettes ne dépassant** pas 10.000 francs recueillies dans les successions dont le « montant total n'excède pas 25.000 francs, continueront, conformément à l'art. 12 de la loi « du 31 décembre 1917, à être soumises, en ce qui concerne les droits de mutation par décès « (et les droits de donation) aux tarifs édictés par les lois antérieures à la dite loi, sauf appli- « cation aux mutations entre époux du tarif fixé par ces lois pour les mutations en ligne « directe au second degré ». (L. 25 juin 1920, art. 33).

Il en résulte que dans les cas visés, le tarif édicté par la loi du 8 avril 1910, art. 10 (I. 3297) reste applicable aux parts recueillies. Il est reproduit ci-après :

Degrés de parenté	TARIF APPLICABLE à la fraction de part nette comprise entre : 1 et 2.000 fr. p. %	2.001 et 10.000 fr. p. %
Ligne directe au premier degré	1.00	1.50
Ligne directe au second degré et entre époux	1.50	2.00
Ligne directe au delà du second degré	2.00	2.50
Frères et sœurs	10.00	10.75
Oncles et neveux	12.00	13.00
Grands-oncles, petits neveux et cousins germains	15.00	16.00
Parents au delà du 4e degré et non parents	18.00	19.00

CONDITIONS. — L'application du tarif réduit est subordonnée à deux conditions :

1° *Le montant total de la succession ne doit pas excéder* 25.000 *francs;*

2° *La part nette recueillie ne doit pas dépasser* 10.000 *francs.*

Il en résulte qu'une part excédant 10.000 francs, ne peut bénéficier pour aucune partie de l'ancien tarif, alors même qu'elle serait recueillie dans une succession dont le montant total ne dépasserait pas 25.000 francs (I. 3645, p. 9).

Détermination du montant total de la succession. — Le « montant total de la succession » doit s'entendre, non de l'actif passible des droits de mutation par décès, mais de la masse héréditaire réelle, composée des biens existants et des rapports de dot (I. 3645, p. 10), sous déduction du passif déductible et de la taxe successorale effectivement exigible (I. 3700, § 25; J. Off., 28 nov. 1923; Ch. Déb., p. 3755, col. 1; R. E., 7098 XV. Les legs particuliers ne doivent pas être déduits (I. 3581, § 23; R. E., 7351).

Il n'y a pas lieu de comprendre dans cette masse : 1° Les biens donnés entre vifs à des successibles avec dispense de rapport; 2° les biens donnés en avancement d'hoirie lorsque le donataire est seul appelé à recueillir l'hérédité (I. 3736, § 28; R. E., 7626); 3° le rapport fictif prévu par l'art 767 C. civ. (R. E., 8131, XII).

Ne doit pas être déduit de cette masse, l'abattement de 10 % par enfant du défunt, en sus du quatrième (J. Off. 8 juin 1923; Ch. Déb., p. 2404, col. 2 et 3; R. E., 7934 XI).

Détermination de la part nette. — La part nette s'entend, non de la part soumise aux droits de mutation par décès, mais de l'émolument net revenant à l'ayant droit dans le montant total de la succession, tel qu'il est défini ci-dessus, c'est-à-dire rapports compris, taxe et passif déduits (I. 3720, § 16 ; R. E., 7533).

Legs aux départements, communes, établissements publics ou d'utilité publique autres que les legs soumis au tarif spécial de 9 %.

« Les dons et legs faits aux départements, communes et établissements publics ou d'uti- « lité publique, continueront, conformément à l'art. 16, second alinéa, de la loi du 31 dé- « cembre 1917, à être soumis, en ce qui concerne les droits de mutation par décès (et les

« droits de donation) aux tarifs édictés par les lois antérieures à la dite loi ». (L. 25 juin 1920, art. 33).

Le tarif applicable à ces legs est celui qui a été édicté par l'art. 10 de la loi du 8 avril 1910, entre non parents, reproduit ci-après :

De 1 à 2.000 fr 18 o/o	De : 100.001 à 250.000 fr. 22 o/o	De : 2.000.001 à 5 millions 26 o/o
2.001 à 10.000 fr. 19 o/o	250.001 à 500.000 fr. 23 o/o	5.000.001 à 10 millions 27 o/o
10.001 à 50.000 fr. 20 o/o	500.001 à 1 million 24 o/o	10.000.001 à 50 millions 28 o/o
50.001 à 100.000 fr. 21 o/o	1.000.001 à 2 millions 25 o/o	au delà de 50 millions 29 o/o

B. — Tarif de l'art. 19 de la loi du 25 février 1901. Droit proportionnel de 9 0/0 (10.80 double décime compris).

1° *Legs de bienfaisance.*

« Sont soumis à un droit de 9 p. 100, sans addition de décimes, les dons et legs faits aux départements et aux communes en tant qu'ils sont affectés, par la volonté expresse du donateur, à des œuvres d'assistance ainsi que les dons et legs faits aux établissements publics charitables et hospitaliers, aux sociétés de secours mutuels et à toutes autres sociétés reconnues d'utilité publique dont les ressources sont affectées à des œuvres d'assistance.

« Il sera statué sur le caractère de bienfaisance de la disposition par décret rendu en Conseil d'Etat ou l'arrêté préfectoral qui en autorisera l'acceptation ». (L. 25 février 1901, art. 19, § 1 et 2).

Conditions d'application du tarif réduit :

Spéciales : Départements, communes :

1° Les legs doivent être destinés à des œuvres d'assistance, et 2° il faut que le testateur ait lui-même donné aux legs cette destination d'une manière formelle et précise.

Etablissements publics charitables et hospitaliers, sociétés d'assistance reconnues d'utilité publique :

La deuxième condition ci-dessus doit être remplie si l'établissement ou la société n'a pas pour objet exclusif les œuvres hospitalières ou charitables.

Sociétés de secours mutuels :

Il suffit que la société soit régulièrement constituée dans les conditions prévues par la loi du 1er avril 1898 (I. 2958). Il n'est pas nécessaire qu'elle soit reconnue d'utilité publique.

Générales :

Le légataire doit produire soit le décret ou l'arrêté préfectoral d'autorisation qui constate la destination du legs, soit les titres et documents de nature à établir : 1° que l'autorisation n'était pas exigée et 2° que la libéralité présente le caractère de bienfaisance.

A dater du 1er octobre 1923, les associations d'étudiants reconnues d'utilité publique sont, au point de vue fiscal, assimiliées aux sociétés de secours mutuels et de bienfaisance (L. 23 décembre 1921 : I. 3844. § 3).

2° *Legs aux sociétés reconnues d'utilité publique d'instruction et d'éducation populaire gratuites.*

« Sont également soumis à un droit de 9 p. 100, sans addition de décimes, les dons « et legs faits aux sociétés d'instruction et d'éducation populaire gratuites reconnues d'uti- « lité publique et subventionnées par l'Etat ». (L. 25 février 1901, art. 19, § 2 ; I. 3049).

Les agents doivent s'assurer que ces conditions sont remplies ; l'autorité qui autorise l'acceptation du legs n'a pas à faire cette vérification.

3° *Legs pour collections publiques.*

« L'article 33 de la loi du 25 juin 1920 est complété ainsi qu'il suit :

« Les dons et legs de sommes d'argent ou d'immeubles faits aux départements, aux villes « et aux établissements pourvus de la personnalité civile avec obligation, pour les bénéfi- « ciaires, de consacrer ces libéralités à l'achat d'œuvres d'art, de monuments ou d'objets « ayant un caractère historique, de livres, d'imprimés ou de manuscrits, destinés à figurer « dans une collection publique, ou à l'entretien d'une collection publique, seront soumis au « tarif réduit de 9 p. 100, sans addition de décimes, prévu par l'article 19 de la loi du 25 fé- « vrier 1901 ». L. 30 juin 1923, art. 24 ; I. 3784, § 10).

4° *Legs aux offices publics d'habitations à bon marché.*

« Le patrimoine des offices est formé notamment : ... 2° de dons et legs. Les dons et « legs seront soumis à un droit de 9 % sans addition de décimes, dans les conditions détermi- « nées en l'art. 19 de la loi du 25 février 1901. » (L. 23 décembre 1912, art. 21 ; I. 3363).

5° *Legs aux mutilés de guerre.*

« Les dons et legs, à titre particulier, faits aux mutilés de guerre frappés d'une invali- « dité de 50 p. 100 au minimum, bénéficieront à concurrence des premiers 100.000 francs, du « tarif réduit de 9 p. 100 édicté par l'art. 19 de la loi du 25 février 1901 et maintenu par le « présent article ». (L. 25 juin 1920, art. 33, § 2).

L'application du tarif réduit est réservée aux dons et legs *à titre particulier.*
Ces legs seront en principe assujettis au tarif fixé par le degré de parenté du légataire avec le

défunt, mais les droits exigibles ne pourront excéder 9 % pour les dons inférieurs à 100.000 fr. et ce même tarif de 9 % sera appliqué, le cas échéant, jusqu'à concurrence de 100.000 fr. aux legs dont le montant excéderait ce chiffre et qui donneraient ouverture à des droits plus élevés.

En principe, le quantum de l'invalidité est justifié par la production de la décision de la commission de réforme ou du livret militaire mentionnant cette décision ; ces documents peuvent être suppléés, soit par la représentation de la carte d'invalidité délivrée par l'Office départemental au nom de l'Office national des mutilés et réformés de la guerre, soit, à défaut, par la production d'un certificat de l'autorité militaire contenant l'indication exigée par la loi. (I. 3626 — 3645).

C. — Tarif spécial : Offices ministériels.

« Pour les transmissions d'offices ministériels et des objets en dépendant qui s'opèrent par suite « de dispositions gratuites à cause de mort, les droits établis pour les donations par les lois existantes « sont perçus sur l'acte ou écrit constatant la libéralité, d'après une évaluation du capital. Dans « aucun cas, ces droits ne peuvent être inférieurs à ceux qui seraient dus en appliquant, suivant la « valeur de l'office, les tarifs édictés, sans addition d'aucun décime, sur chacune des fractions du prix, « augmenté des charges, pour les mutations à titre onéreux des offices, savoir :

De 1 fr. à 2.000 fr.	2 %	(2.40 % D. C)
— 2.001 à 5.000 fr.	3 %	(3.60 % D. C)
— 5.001 à 50.000 fr.	4 %	(4.80 % D. C)
— 50.001 à 100.000 fr.	5 %	(6 » % D. C)
au-dessus de 100.000 fr.	6 %	(7.20 % D. C)

Remarque : Ce tarif n'a pas été modifié pour les mutations par décès par l'article 38 de la loi du 13 juillet 1925, lequel vise uniquement les mutations à titre onéreux (I. 3860, § 3).

« Le droit d'enregistrement des transmissions des offices ainsi déterminé ne peut, dans aucun cas, « être inférieur :

« 1° A 10 % du cautionnement attaché à la fonction ou à l'emploi, si le prix de la cession augmenté « des charges ou la valeur de l'office ne dépasse pas 2.000 fr. ;

« 2° A 12 % de ce cautionnement, si le prix de la cession augmenté des charges ou la valeur de « l'office dépasse 2.000 fr. sans excéder 5.000 fr. ;

« 3° A 15 % de ce cautionnement, si le prix de la cession augmenté des charges ou la valeur de « l'office dépasse 5.000 fr. sans excéder 50.000 fr. ;

« 4° A 18 % de ce cautionnement, si le prix de la cession augmenté des charges ou la valeur de « l'office dépasse 50.000 fr. sans excéder 100.000 fr. ;

« 5° A 20 % de ce cautionnement, si le prix de la cession augmenté des charges ou la valeur de « l'office excède 100.000 fr. (Lois des 25 juin 1841, art. 8 et 30 juillet 1913, art. 10 — I. 1640-3371).

« Lorsque l'office, transmis par décès, passe à l'un des héritiers ou à l'héritier unique du titulaire, « les droits sont également perçus, d'après ces tarifs, sur une déclaration estimative de la valeur de « l'office et des objets en dépendant. Cette déclaration est faite au bureau de l'enregistrement de la « résidence du titulaire décédé. La quittance du Receveur doit être jointe à l'appui de la demande de « nomination du successeur. Le droit acquitté sur cette déclaration ou sur le traité fait entre les cohé- « ritiers est imputé, jusqu'à due concurrence, sur celui que les héritiers ont à payer, lors de la déclara- « tion de succession, sur la valeur estimative de l'office, d'après les quotités fixées par le présent titre « Lois des 25 juin 1841, art. 9 et 30 juillet 1913, art. 10. I. id.).

Quotité du tarif à appliquer.

La quotité du tarif à appliquer est déterminé par le degré de parenté du successible avec le défunt.

Enfant adoptif : Tarif des mutations en ligne directe descendante au 1er degré.

Enfant naturel reconnu : « L'enfant naturel, légalement reconnu, appelé à la succession « *ab intestat* ou testamentaire de son auteur sera considéré, quant à la quotité des droits, « comme enfant légitime ». (L. 25 mars 1896, art. 8 ; I. 2334-I ; 2902).

Enfant naturel légataire ou donataire des parents légitimes de son père ou de sa mère : Tarif entre non parents (C. civ. 757).

Descendants légitimes d'un enfant naturel reconnu, appelés à la succession des père ou mère de leur auteur : Tarif des mutations en ligne directe descendante.

Descendant naturels de l'enfant naturel reconnu, appelés à la succession des père ou mère de leur auteur : Non parents. (I. 239 ; 1796-15).

Père et mère, héritiers, donataires ou légataires de leur enfant naturel reconnu : Tarif des mutations en ligne directe ascendante 1er degré (C. civ. 765).

Conjoint survivant appelé à la succession de son conjoint en qualité d'héritier (à défaut d'autres héritiers), d'usufruitier légal, de donataire ou légataire :

a) Parts nettes ne dépassant pas 10.000 fr. dans succession n'excédant pas 25.000 fr. : Tarif fixé par l'art. 10 de la loi du 8 avril 1910, pour les mutations en ligne directe au 2e degré.

b) Autres cas : tarif entre époux.

Conjoint survivant appelé à la succession en qualité de parent héritier et non à titre d'époux.

Droit sur la part recueillie en vertu de la loi, en qualité non d'époux, mais de parent (cousin germain, neveu, etc...) dû au tarif fixé d'après ce degré de parenté.

Conjoint survivant appelé à la succession en la double qualité d'époux (usufruitier légal, donataire ou légataire) et de parent héritier.

Droit : au tarif fixé pour les mutations en lignes collatérale, d'après son degré de parenté, sur l'émolument recueilli à titre de parent, et au tarif entre époux sur la part recueillie à titre d'époux (usufruitier légal, donataire ou légataire).

Epoux, qui a obtenu le divorce à son profit, appelé à la succession de son conjoint, en qualité de :

1° Légataire en vertu d'une libéralité testamentaire antérieure au divorce : Tarif entre non parents, si, abstraction faite du mariage, il n'existe pas de parenté entre le testateur et le gratifié. (I. 3099-5);

2° Donataire en vertu d'une donation éventuelle par contrat de mariage : tarif des mutations entre époux (I. 3413, § 8);

3° Donataire en vertu d'une donation éventuelle consentie pendant le mariage : même règle (I. 3449-7).

Succession de l'enfant naturel reconnu :

1° *Dévolue à ses frères et sœurs naturels, en vertu de la loi, d'une libéralité testamentaire ou à cause de mort :* Tarif des mutations entre frères et sœurs légitimes.

2° *Biens repris par les frères et sœurs légitimes en vertu de l'art. 766 du C. civ. :* même règle.

Enfant naturel reconnu donataire ou légataire de son frère légitime et réciproquement : Tarif des mutations entre personnes non parentes (I. 2383-3).

Appelé aux biens grevés de substitution dans la succession du grevé : parenté avec le grevé.

Héritier appelé à la succession à un degré différent dans la ligne maternelle et dans la ligne paternelle :

Quotité du droit, pour chaque part prise dans la succession, déterminée par le degré de parenté en vertu duquel cette part est échue.

Légataire ou donataire parent du défunt à un degré différent dans la ligne paternelle et dans la ligne maternelle :

Tarif le plus favorable sur l'intégralité du legs.

Succession vacante :

1° Par suite de la renonciation des héritiers appelés par la loi : Tarif déterminé par le degré de parenté de ces héritiers (I. 2598-22).

2° A défaut d'héritiers connus : Tarif des mutations entre parents, au delà du 4° degré, sauf revision si des héritiers se présentent ultérieurement pour revendiquer la succession. (I. 2735, § 2, n° 9).

Petits enfants appelés à la succession de leurs grands parents, par suite du prédécès du père ou de la mère tué à l'ennemi ou mort victime de la guerre.

« Toutes les fois qu'une succession passera des grands parents aux petits enfants, par « suite du prédécès du père ou de la mème tué à l'ennemi ou mort victime de la guerre, dans « les conditions fixées dans les n°s 1 et 2 du second paragraphe de l'article 34 de la présente « loi, le tarif applicable sera le tarif de la ligne directe descendante au premier degré, « sauf aux héritiers à produire les justifications prévues au dernier alinéa de l'art. 34 ». (L. 25 juin 1920 art. 30, § 3; I. 3645).

Les justifications dont il s'agit varient suivant que le père ou la mère prédécédés était ou non militaire. Ces justifications sont indiquées ci-après v° Réduction d'impôt en faveur des héritiers père ou mère d'une famille nombreuse.

Héritiers, donataires ou légataires appelés à recueillir la part de l'héritier, donataire ou légataire renonçant.

« En cas de renonciation à une succession, à un legs ou à une donation, le droit de mutation par décès exigible sur les biens qui, par l'effet de la renonciation, adviennent aux héritiers, donataires ou légataires acceptants, ne peut pas être inférieur à celui qui aurait été dû par le renonçant s'il avait accepté.

« Les tarifs édictés par les articles 19 de la loi du 25 février 1901, 16 de la loi du 31 décembre 1917 et 33 de la loi du 25 juin 1920, seront seuls applicables aux biens qui, par suite de renonciation, reviendront aux départements, communes et autres collectivités bénéficiant des dits tarifs pour les legs leur profitant personnellement et leur conférant le droit à l'accroissement.

« Les dispositions ci-dessus sont applicables aux successions ouvertes antérieurement à la présente loi, dès lors que la renonciation motivant l'exigibilité du droit a eu lieu postérieurement. Elles ne sont pas applicables aux héritiers en ligne directe ». (L. 13 juillet 1925, art. 51).

Application de la règle édictée par le 1er alinéa de l'article précité :

Il y a lieu, tout d'abord, d'établir une double liquidation des droits que les successeurs acceptants auraient à acquitter au taux réglé par leur degré de parenté avec le défunt :

1° Sur la masse héréditaire en y comprenant les biens qui font l'objet de l'accroissement, de la dévolution ou du legs répudié ;

2° Sur cette masse héréditaire, abstraction faite de ces biens.

La différence entre le montant des droits déterminés par ces deux liquidations représente les droits qui seraient dus, sous le régime normal, par les bénéficiaires de la renonciation, sur les biens qui leur adviennent.

Cette différence est ensuite comparée au montant des droits qui auraient été exigibles du renonçant, s'il avait accepté.

Ou bien le renonçant aurait eu à acquitter des droits moins élevés que les bénéficiaires de la renonciation : dans ce cas, l'art. 51 précité est sans appplication et les droits sont perçus conformément à la première liquidation.

Ou bien le renonçant aurait eu à acquitter des droits moins élevés.

Dans ce cas, par application de la règle susvisée, la différence entre le montant de ces droits et celui des droits qui seraient dus, sous le régime normal. par les successeurs acceptants sur les biens qui leur adviennent par suite de la renonciation, est exigible, en plus des droits déterminés par la première liquidation.

Il semblerait, dès lors, que ce complément d'impôt devrait être supporté par chacun des bénéficiaires de la renonciation, proportionnellement à sa quote-part dans les biens qui font l'objet de l'accroissement, de la dévolution ou du legs répudié.

Toutefois, l'I. 3860, § 16 précise : « Dans cette hypothèse, les biens répudiés formeront, dans la déclaration incombant aux héritiers ou aux légataires, une masse spéciale, distincte des autres biens et passible de tarifs propres calculés comme si la transmission s'était opérée au profit de l'héritier, donataire ou légataire renonçant sans explication relative à la contribution au paiement des droits ainsi liquidés.

Exceptions.

La règle instituée par l'art. 51, 1er alinéa précité n'est pas applicable, lorsque les bénéficiaires de la renonciation sont *les héritiers en ligne directe* du défunt ou les *collectivités énumérées ci-dessus.*

Déduction sur l'actif global net dans les successions des pères ou mères de famille nombreuse.

« Dans toute succession où le défunt laisse plus de quatre enfants vivants ou représentés, il est déduit de l'actif global net, pour la liquidation des droits de mutation par « décès, 10 % par enfant en sus du quatrième, sans que cette déduction puisse excéder « 15.000 francs par enfant. » (L. 25 juin 1925, art. 30, § 2).

CONDITION. — *Le défunt doit laisser plus de quatre enfants vivants ou représentés.*

Entrent en ligne de compte pour la déduction :

I. Les enfants du défunt, vivants ou représentés.

II. Les enfants du défunt prédécédés et assimilés aux enfants vivants.

« Pour l'application des dispositions du deuxième alinéa de l'article 30, doit être ajouté « au nombre des enfants vivants ou représentés du défunt, l'enfant qui :

« 1° Est décédé après avoir atteint l'âge de seize ans révolus;

« 2° Etant âgé de moins de seize ans, a été tué par l'ennemi au cours des hostilités ou « est décédé des suites de faits de guerre, soit durant les hostilités, soit dans l'année à « compter de leur cessation.

« Le bénéfice de cette disposition est subordonné à la production, dans le premier cas, « d'une expédition de l'acte du décès de l'enfant, et dans le second cas, d'un acte de noto- « riété délivré sans frais par le juge de paix du domicile du défunt et établissant les cir- « constances de la blessure ou de la mort. » (L. 25 juin 1920, art. 34, § 1).

Ces dispositions sont communes à la déduction susvisée et à la détermination de l'exigibilité et du tarif de la taxe successorale. Il y a lieu, par suite, de se référer entièrement aux observations formulées à cet égard.

OBJET ET QUOTITÉ DE LA RÉDUCTION. — MAXIMUM. — Il est déduit de l'actif global net pour la liquidation des droits de mutation par décès 10 % par enfant en sus du quatrième.

L'actif global net visé doit s'entendre, non de la masse héréditaire totale, mais de l'actif qui, abstraction faite de la déduction prévue, aurait été passible des droits de mutation par décès. Il n'y a donc pas lieu d'y comprendre les sommes ou valeurs qui, pour un motif quelconque, échappent à cet impôt, et spécialement les rapports qui ont déjà supporté le droit de mutation entre vifs, à titre gratuit. (I. 3645, § 3, p. 5).

Le *maximum* de la déduction est de 15.000 francs par enfant, en sus du quatrième, d'après l'interprétation de l'Administration (J. Off. 12 février 1921, Ch. Déb., p. 522, col. 1; R. E., 7383, § XIV; elle serait, au contraire, de 15.000 francs par enfant venant à la succession, suivant jugement Orléans (29 juillet 1924, R. E., 8094) déféré d'ailleurs par l'Administration à la Cour de cassation.

APPLICATION. — *La déduction doit être appliquée, dès lors que le défunt laisse plus de quatre enfants vivants ou représentés (ou assimilés).*

Cette condition est suffisante. Si elle est remplie, la déduction doit être appliquée, quels que soient le degré de parenté des successibles et le tarif des droits de mutation par décès. Elle peut avoir notamment pour effet de diminuer la quotité disponible ou de rendre l'actif imposable inférieur à l'ensemble des legs au point de vue fiscal, et d'entraîner ainsi la réduction de ces legs. (J. Off. 12 février 1921, Ch. Déb., p. 522, col. 1; R. E., 7383, § XIV).

EXCEPTION. — La réduction ne s'applique pas aux successions des étrangers.

« Sous réserve des traités de réciprocité qui existent actuellement ou qui seront passés « entre la France et les pays étrangers, les réductions d'impôts ou de taxes, les dégrève- « ments à la base, les déductions accordées par les lois en vigueur pour des raisons de char- « ges de famille, prévues au bénéfice des familles nombreuses, ne sont applicables qu'aux « citoyens français et aux originaires des colonies françaises ou des pays de protectorat. » L. 22 mars 1924, art. 44 (I. 3810, § 18).

Sont considérés comme des traités de réciprocité, les conventions contenant la disposition suivante : « Les ressortissants de chacune des hautes parties contractantes ne seront pas « assujettis, sur le territoire de l'autre, à des impôts, taxes, contributions de quelque nature « que ce soit, autres ou plus élevés que ceux perçus sur les nationaux » intervenus entre la France et les pays ci-après : Finlande, Pologne, Autriche, Tchéco-Slovaquie.

La réduction est également applicable aux successions des ressortissants des pays qui ont passé avec la France des traités contenant la clause de la nation la plus favorisée : Grande-Bretagne, Danemark, Esthonie, Guatemala, Canada.

Par contre, les autres étrangers sont exclus du bénéfice de tous dégrèvements pour charges de famille (I. 3839, § 39).

Liquidation des droits de mutation par décès.

Principe.

« Les droits de mutation par décès de biens, meubles ou immeubles, seront liquidés sur « la part nette recueillie par chaque ayant droit ». (L. 25 février 1901, art. 2).

La part nette de chaque ayant droit dans l'actif net se compose de tout ce qu'il recueille effectivement dans la succession, mêm à des titres divers : Part héréditaire, dons et legs, assurance sur la vie, etc. (I. 3058, p. 21).

Détermination de la part nette. — Règles générales.

TOTAL DES PARTS NETTES : CAPITAL GLOBAL NET DIMINUÉ DU MONTANT DE LA TAXE.

L'actif net à distribuer entre les ayants droit est représenté par le capital global net de la succession, tel qu'il est déterminé pour la liquidation de la taxe, diminué du montant de la taxe effectivement exigible.

La taxe a, en effet, le caractère d'un prélèvement effectué par l'Etat sur la masse héréditaire, l'émolument dévolu aux divers ayants droit ne se compose donc, en réalité, que du surplus de la masse, c'est-à-dire de la différence entre l'actif de la succession et le montant de la taxe successorale (I. 3670, § 24 ; R. E. 7340, 8131 XIV).

La taxe successorale qui constitue ainsi une dette de l'hérédité est, par suite, susceptible de justifier, le cas échéant, la réduction des legs particuliers, et elle doit être déduite de l'actif global pour le calcul de la réserve (I. citée).

PART NETTE.

S'il existe un partage, ce partage, en vertu de l'art. 883 du C. civ. rétroagit au jour du décès. Il doit par suite servir de base à la liquidation des droits, à la condition d'être pur et simple, c'est-à-dire s'il ne contient aucune clause, telle que soulte, dation en payement, échange, répartition inégale du passif, de nature à lui enlever, au point de vue fiscal, le caractère déclaratif.

A défaut de partage pur et simple, la part nette de chaque ayant droit se détermine, en principe, en déduisant de la valeur de ses droits dans le capital global brut de la succession, la fraction qui lui incombe dans les charges et le passif déductibles ; la taxe ; les dons et legs à titre particulier. Il y a lieu d'en déduire également le montant des rapports faits par ce successible, ainsi que la part qui lui revient sur les rapports faits par ses cohéritiers et qui excèdent leur émolument.

Droits du successible dans le capital global brut de la succession.

Le capital global brut de la succession est composé et évalué suivant les règles exposées à cet égard au chap. Taxe. Les charges et le passif n'en sont pas déduits.

Les droits de chaque successible dans cette masse sont déterminés d'après les principes du droit civil et en tenant compte, le cas échéant, des libéralités testamentaires ou à cause de mort, consenties par le défunt, et des dispositions entre vifs assimilées à ces libéralités par la loi fiscale, et des rapports.

Toutefois, il y a lieu de remarquer que pour déterminer les parts héréditaires, il est nécessaire de faire abstraction des biens étrangers au patrimoine du défunt, tels que les assurances sur la vie au profit de tiers nominativement désignés, les biens grevés de substitution, etc..., qui sont compris dans le capital global brut de la succession uniquement en vue de la liquidation de la taxe.

DÉDUCTIONS A OPÉRER :

1° *Part contributive dans les charges et le passif déductibles.*

La fraction des charges et du passif que les successibles sont tenus de supporter est déterminée, en principe, par les règles du droit civil.

D'après ces règles, le payement des dettes incombe aux successeurs universels, c'est-à-dire à ceux qui succèdent à l'universalité ou à une quote-part de l'universalité du patrimoine (héritiers légitimes ou naturels, successeurs irréguliers, héritiers contractuels, héritiers anomaux, légataires universels ou à titre universel) ; ces successibles universels doivent contribuer à ce paiement proportionnellement à la part que chacun d'eux est appelé à recueillir, à ce titre, sans déduction des dons et legs particuliers à sa charge.

La femme survivante, commune en biens, peut exercer le bénéfice d'émolument, si elle fait inventaire dans les trois mois du décès de son conjoint.

Des explications relatives à l'application de ces règles ont été données à l'occasion de la fixation de la part contributive de la taxe.

Toutefois, il y a lieu de tenir compte des dérogations qui peuvent être apportées à l'application de ces règles par les dispositions testamentaires ou à cause de mort du défunt ou qui résultent de la nature des legs.

Ainsi, le légataire particulier, bien qu'il soit affranchi, en principe, de toute contribution au passif héréditaire, peut être obligé d'y contribuer jusqu'à concurrence de son legs, si le testateur a mis form ellement cette obligation à sa charge. De même, le legs d'une succession échue au testateur. ou de la part de ce dernier dans une communauté, comporte pour le légataire l'obligation de payer les dettes et de supporter les charges de la succession ou de la communauté.

2° *Part contributive dans la taxe.*

Cette part est déterminée conformément aux règles exposées à cet égard, Chap. Taxe.

Les légataires particuliers ne doivent pas la taxe ; ces legs peuvent donc, en principe, être déclarés et soumis à une perception définitive, alors même que l'héritier ou le successeur universel n'aurait pas encore souscrit sa déclaration. (I. 3045-2). Toutefois, les legs particuliers qui absorbent ou excèdent l'actif héréditaire, ne peuvent être réduits, pour la liquidation des droits de mutation, par le prélèvement de taxe, tant que la taxe n'a pas été perçue au vue d'une déclaration régulière. (R. E. 7383 XI 7340). Dans ce cas, le légataire particulier peut autoriser l'imputation des droits de mutation perçus en trop sur son legs, sur la taxe due par le successeur universel, ou en demander la restitution lorsque la taxe a été régulièrement perçue et permet de reviser la liquidation de l'impôt sur son legs. (R. E. 7350).

3° *Part contributive dans les dons et legs particuliers.*

Lorsque les biens donnés ou légués à titre particulier existent en nature dans la succession, ces biens passent directement du patrimoine du de cujus dans celui des légataires ou donataires et le successeur universel n'est investi, à aucun moment, d'un droit de propriété à leur égard. Les dons et legs de corps certains ont par suite pour effet de diminuer de la valeur de ces biens l'importance de la part du successeur qui aurait été appelé à les recueillir, en l'absence de ces libéralités particulières.

Ainsi, les legs de biens déterminés doivent être distraits de la quotité disponible revenant au légataire universel en présence d'un héritier réservataire ; le legs d'un immeuble est distrait de la valeur des immeubles héréditaires pour déterminer la part du légataire à titre universel des immeubles ; le legs d'un livre dépendant d'une bibliothèque est déduit de la valeur de la bibliothèque entière afin de fixer la valeur du legs particulier de cette bibliothèque. Cette opération constitue, en réalité, une répartition de l'hérédité et non une déduction proprement dite.

Les sommes d'argent et le capital imposable des rentes qui n'existent pas en nature dans la succession et qui sont données ou léguées par le défunt à titre particulier, sont déduites de la part des successeurs à qui en incombe la charge. Deux droits de mutation ne peuvent, en effet, être perçus cumulativement sur le même objet (Avis Conseil d'Etat 10 septembre 1808 ; I. 2324-1, 2680).

La part que les successeurs universels doivent supporter dans ces legs est déterminée, en principe, d'après les règles du droit civil.

Il est rappelé, à cet égard, que le légataire universel, en concours ou non avec des héritiers réservataires est tenu d'acquitter tous les legs sauf le cas de réduction lorsqu'ils excèdent la quotité disponible. (C. civ. 1009). S'il est en présence de légataires à titre universel, voir ci-après.

Le légataire à titre universel, en l'absence d'héritiers réservataires, contribue au paiement des legs particuliers proportionnellement à la quote-part de l'hérédité qu'il est appelé à recueillir. Ainsi, le légataire à titre universel d'un quart contribue au payement des legs particuliers pour un quart, les autres successeurs universels contribuent pour le surplus.

Lorsqu'il est en concours avec un ou plusieurs héritiers réservataires, le légataire universel doit supporter tous les legs particuliers si la disposition faite à son profit comprend tout le disponible. S'il ne recueille qu'une partie du disponible, la charge des legs est supportée proportionnellement par l'héritier réservataire et le légataire à titre universel. (C. civil 1013).

Le donateur ou testateur peut toutefois déroger à ces règles, à la condition d'exprimer sa volonté à cet égard ou de la manifester d'une manière non équivoque.

Par application de ces règles, il y a lieu de déduire la valeur imposable de la rente viagère résultant au profit du conjoint survivant de la conversion de son usufruit légal. (I. 3122-4).

Le capital imposable des rentes viagères et des rentes perpétuelles, léguées ou données, est déduit de la valeur de la pleine propriété des biens de la succession, et non de la valeur imposable de l'usufruit de l'hérédité conformément aux art. 600 à 616 du C. civ. (I. 2355-5; 2680-2) à moins, pour les rentes viagères, que le service de ces rentes ait été mis par une clause de la donation ou du testament, à la charge exclusive soit du légataire à titre universel de l'usufruit, soit du légataire de la nue propriété.

Le legs de sommes payables, sans intérêt, après le décès du successeur universel qui en est chargé, constitue un legs de nue propriété fait au légataire particulier et par suite un legs d'usufruit au profit du successeur universel. (I. 2234, § 1 — 2393, §2).

Lorsqu'un terme certain ou incertain, autre que son propre décès, est accordé au successeur universel pour le paiement d'un legs de cette nature, la disposition constitue un usufruit au profit du successeur universel, ou un simple délai, suivant les circonstances et l'interprétation de l'intention du testateur. (I. 2393, § 2).

Ne sont pas déduites les charges imposées par le défunt à ses légataires et qui ne peuvent être considérées comme des legs secondaires, à défaut de bénéficiaires désignés (obligation de faire dire des messes, de faire des aumônes, etc.).

Les droits de mutation par décès afférents aux legs particuliers stipulés par le testament payables « nets de frais » ou « de tous frais » ne doivent pas être ajoutés au montant de ces legs pour être distraits avec eux de la part du successeur universel chargé de les supporter, à moins que le testateur ait eu l'intention nettement exprimée de faire au légataire particulier une libéralité distincte ayant pour objet les droits de mutation, ce qui doit résulter d'une clause testamentaire explicite et non équivoque, toute différente de la clause de style « nette de tous frais » (I. 2768-2 ; 2842-5. R. E. 6896 III, 6952).

4° *Rapports.*

Il doit être fait état des rapports pour la fixation des droits respectifs des héritiers, d'après les règles du droit civil, mais, au regard de la loi fiscale, les biens qui font l'objet des rapports ayant déjà été soumis au droit de mutation à titre gratuit, entre vifs, ne font plus partie du patrimoine du défunt ; dès lors, ils ne sont pas assujettis au droit de mutation par décès non seulement sur les parts et portions conservées par les donataires, mais encore sur celles qui, par l'effet du rapport, profitent à leurs cohéritiers.

Il y a lieu, par suite, de déduire le rapport de l'émolument du donataire dans la succession, et, lorsque le montant du rapport excède cet émolument, il y a lieu non seulement de ne percevoir aucun droit sur cette part héréditaire, mais encore de déduire l'excédent de ce rapport de la part des autres héritiers (I. 3370-7).

Réduction des dons et legs.

Legs de sommes, rentes ou objets non existants en nature dans la succession et excédant la valeur imposable des biens héréditaires.

Dans ce cas, le droit de mutation ne peut être perçu sur l'intégralité de ces legs, mais seulement, dans leur ensemble, sur une somme égale à la valeur imposable des biens héréditaires; chaque legs doit, dès lors, subir une réduction proportionnelle, si le testateur n'a pas déterminé entre les légataires un rang de priorité (I. 1780, § 7).

Il en serait ainsi même s'il était établi que la valeur réelle des biens héréditaires est supérieure à la valeur imposable et suffit à désintéresser complètement tous les légataires (I. 2234, § 2).

Pour opérer cette réduction, il est nécessaire que la valeur imposable de la succession soit établie par la déclaration définitive des successeurs universels ; si les legs particuliers ont été déclarés antérieurement, il appartient aux intéressés de demander, dans les délais prévus, la restitution des droits perçus en trop sur leurs legs.

D'après l'I. 3174-8, il n'y a pas lieu à réduction lorsque, malgré l'insuffisance d'actif ressortant de la déclaration, les successeurs universels ont soldé intégralement les legs particuliers, si, d'autre part, le défunt a, dans son testament récent, fait de sa fortune une évaluation sensiblement supérieure au montant de la déclaration ; ces faits permettant de de présumer une omission ou une dissimulation. Cette règle toutefois n'est pas absolue : la solution, pour chaque cas particulier, paraît devoir varier avec les circonstances.

Legs excédant la quotité disponible.

Pour la fixation des droits des divers successibles, il convient de se conformer aux règles du droit civil, notamment en ce qui concerne la réserve et la quotité disponible.

Il y a lieu de remarquer que la réduction des libéralités qui excèdent la quotité dispo, nible, ne s'opère pas de plein droit; il n'appartient donc pas au Receveur, pour la liquidation de l'impôt, de réduire d'office les libéralités excessives (I. 2815-7).

Règles pratiques.

Successeurs universels ou à titre universel d'une quotité de la succession.

Lorsque les ayants droit ne comprennent que des successeurs universels ou à titre universel d'une quotité de la succession, le passif héréditaire et la taxe se divisent de plein droit entre ces successeurs, proportionnellement à laquotité revenant à chacun.

Il suffit, dès lors, de déduire la taxe du capital global net et de répartir l'actif net ainsi obtenu entre ces successeurs conformément à leurs droits.

Les rapports sont ajoutés à l'actif net, préalablement à cette répartition, mais leur montant est ensuite déduit de l'émolument des donataires et, en cas d'excédent, de l'émolument de leurs cohéritiers.

Legs particuliers.

La part nette des successeurs chargés de ces legs est obtenue en déduisant de leur émolument net le montant de ces legs ou de la fraction de ces legs qui leur incombe.

Successeurs à titre universel des meubles ou des immeubles ou d'une quotité de ces biens. Héritiers anomaux. Passif inégalement réparti par le défunt.

Dans ces divers cas, il est nécessaire de calculer la part de chacun de ces successeurs séparément dans l'actif brut et dans le passif et de déduire ensuite de leur émolument net le montant de leur part contributive dans la taxe et les legs.

Assurances au profit de bénéficiaires nominativement désignés. Biens grevés de substitution.

La valeur imposable de ces biens est déduite de l'actif net et le surplus est réparti entre les autres ayants droit, conformément aux règles exposées.

Calcul des droits de mutation par décès.

Règles exposées au chapitre Taxe, sous le titre « calcul de la taxe ».

Réduction d'impôt en faveur des héritiers pères ou mères d'une famille nombreuse.

« Lorsqu'un héritier, donataire ou légataire aura quatre enfants ou plus vivants au mo-
« ment de l'ouverture de ses droits à la succession, les droits à percevoir en vertu de l'arti-
« cle 30 de la loi du 25 juin 1920 (droits de mutation par décès) seront diminués de 10
« p. 100 pour chaque enfant en sus du troisième et sans que la réduction puisse dépasser
« 2.000 francs par enfant et que la réduction totale puisse excéder 50 p. 100 ». (L. 25 juin 1920, art. 31).

CONDITION DE LA RÉDUCTION.

Le successible doit avoir quatre enfants ou plus vivants au moment de l'ouverture de ses droits à la succession.

Entrent en ligne de compte pour la réduction :

A. — *Les enfants vivants au moment de l'ouverture de la succession.*

Par enfants, il faut entendre les descendants légitimes au premier degré, les enfants : naturels reconnus ou légitimés ; — adultérins légitimés ; — conçus et nés viables (I. 3700, § 31-II . R. E., 7455, II) ; — adoptifs.

L'enfant doit être vivant au moment de l'ouverture de la succession. Par suite, le défunt ne peut être compté pour le calcul de la réduction dont ses père et mère, héritiers, peuvent être appelés à bénéficier.

B. — *Les enfants prédécédés assimilés aux enfants vivants.*

» Pour l'application de l'art. 31 qui précède, sera assimilé aux enfants vivants de l'hé- « ritier donataire ou légataire, tout enfant, quel que soit son âge, de l'héritier, donataire ou légataire, qui :

1° « *Etant militaire*, est mort sous les drapeaux pendant la durée de la guerre ou, soit « sous les drapeaux, soit après son renvoi dans ses foyers, est mort dans l'année à compter « de la cessation des hostilités, de blessure reçue ou de maladie contractée durant la guerre ;

2° « *N'étant pas militaire*, a été tué par l'ennemi, au cours des hostilités ou est décédé « des suites de faits de guerre, soit durant les hostilités, soit dans l'année à compter de la « cessation des hostilités ». (L. 25 juin 1920, art. 34, § 2).

Les enfants prédécédés dans les conditions susvisées sont assimilés aux enfants vivants ; ils doivent entrer en ligne de compte, alors même que le successible n'aurait aucun autre enfant, vivant au moment de l'ouverture de la succession. (I. 3645, § 6, p. 8).

APPLICATIONS DE L'ARTICLE 34, § 2 DE LA LOI DU 25 JUIN 1920, PRÉCITÉ.

Militaires.

La disposition, précitée ci-dessus (V° Condition de la réduction B. n° 1) reproduit les termes de l'art. 6, § 1, n°s 1 et 2 de la loi du 26 décembre 1914 ; elle doit recevoir l'interprétation ci-après, pour l'application de cette loi.

Cette disposition s'applique à tous les militaires des armées de terre ou de mer, que ces militaires aient fait partie des corps métropolitains, des troupes coloniales ou des corps expéditionnaires, à titre de combattants ou d'assimilés, c'est-à-dire d'attachés aux divers services de l'Armée, tels que : l'intendance, le service de santé, la trésorerie et les postes, etc...

Mais on ne saurait attribuer la qualité de militaires aux personnes qui, tout en rendant des services à l'Armée, ne lui sont attachées par aucun lien obligatoire, comme c'est le cas du personnel des sociétés de secours aux blessés (Décision M. Fin., 23 juin 1915 - I. 3461 - R. E. 6372). Toutefois, suivant jugement de Lyon, du 13 mars 1914, la qualité de militaire appartiendrait à une infirmière bénévole attachée, à titre temporaire, à un hôpital militaire, mais ce jugement est déféré par l'Administration à la C. cass. (R. E. 8095).

La disposition prévoit deux cas distincts :

1° Les militaires morts sous les drapeaux pendant la durée de la guerre.

La réalisation de ce cas exige deux conditions :

a) Il faut que le défunt ait été sous les drapeaux, lors de son décès.

Ne se trouvent pas, par suite, dans ce premier cas (ils peuvent rentrer dans le 2e cas), les hommes en sursis (R. E. 8064) ou renvoyés dans leurs foyers, à la suite d'une décision de réforme ou pour toute autre cause (I. 3461 - R. E. 6372).

b) Il faut que le décès du militaire soit survenu pendant la durée de la guerre.

La durée de la guerre comprend la période écoulée du 2 août 1914 au 23 octobre 1919. (Voir : page 3, 2e cas, conditions n° 2).

Ces deux conditions sont suffisantes. La loi ne s'occupe, en effet, ni de la cause du décès, ni du lieu dans lequel il s'est produit. Peu importe, dès lors, que la mort soit la suite d'une maladie contractée avant la guerre ou qu'elle soit survenue en dehors de la zone des armées ou du territoire, dans les colonies ou protectorats, par exemple, où aucune hostilité n'a été engagée avec l'ennemi (Sol., 6 avril 1915 - R. E. 6594 - I. 3461, § 1, n° 3).

Toutefois, d'une manière implicite, la disposition ne vise ni les militaires condamnés à mort par l'autorité militaire et passés par les armes, ni les militaires dont le suicide conscient et volontaire était punissable par la loi militaire (Déc. M. F., 11 octobre 1916 — 3494, § 5 III — R. E., 6595).

2° Les militaires et les anciens militaires morts dans l'année, à compter des hostilités, de blessure reçue ou de maladie contractée durant la guerre.

La réalisation de ce cas exige deux conditions :

a) Il faut que le décès soit survenu dans l'année à compter de la cessation des hostilités, c'est-à-dire du 24 octobre 1919 au 23 octobre 1920 inclus.

La disposition ne s'applique donc pas aux militaires des corps expéditionnaires, décédés plus d'un an après la cessation des hostilités. (*J. Off.*, 9 mars 1921, Ch. déb., p. 1165, col. 2 et 3 - R. E., 7383 XII — *J. Off.*, 15 mars 1922, Ch. déb., p. 795, col. 3 - R. E. 7578 XXIII).

b) Il faut que le décès ait été causé par une blessure reçue ou par une maladie contractée durant la guerre et pendant la présence du défunt sous les drapeaux.

Le décès doit être causé par une blessure reçue ou par une maladie contractée pendant la période des hostilités, c'est-à-dire, du 2 août 1914 au 23 octobre 1919 inclus (*J. Off.*, 4 mai 1924, Ch. déb., p 2196, col. 3 et 2197, col. 1 - R. E. 8097 VI).

Il faut que la maladie ait été contractée pendant la présence du défunt sous les drapeaux, c'est-à-dire, avant son renvoi dans ses foyers ou sa mise en sursis (R. E. 6595-I). Le décès consécutif à l'aggravation, au cours et par suite de la guerre, d'une maladie préexistante, ne rentre donc pas dans les prévisions de la loi.

Civils victimes de la guerre.

Renvoi : L'article 34, § 2, n° 2, de la loi du 25 juin 1920, relatif aux civils, morts, victimes de la guerre, reproduit le texte du § 1, n° 2 du même article. Les observations formulées à l'égard de ce § 1, n° 2 (page 3, 2° cas. B) s'appliquent, par suite, au cas sus visé.

JUSTIFICATIONS.

A. — *Enfants vivants* : Aucune pièce justificative n'est exigée.

Les bénéficiaires de la réduction sont uniquement tenus de faire connaître leur situation de famille, lors de la déclaration, et, de fournir les renseignements (notamment : date et lieu de naissance des enfants) nécessaires, pour permettre à l'Administration d'exercer son contrôle. (*J. Off.* 4 août 1923 ; Ch. déb., p. 3472, col. 3 - R. E., 7934 X).

En ce qui concerne les enfants nés à l'étranger, il n'y a pas lieu d'exiger la représentation de l'acte de naissance, en se référant, par analogie, à l'art. 14 de la loi du 25 février 1901, relatif à la justification de l'âge de l'usufruitier né hors de France et ou d'Algérie, l'art. 34 de la loi du 25 février 1920 ne contenant aucune disposition à cet égard.

B. — *Enfants prédécédés assimilés aux enfants vivants.*

1° « *S'il s'agit d'un militaire*, le bénéfice de la réduction est subordonné à la production « d'un certificat de l'autorité militaire constatant que la mort a été causée par une blessure « reçue ou une maladie contractée pendant la durée de la guerre ». (L. 25 juin 1920, art. 34, § 2, n° 1).

Cette disposition est empruntée à l'art. 6, § 2 de la loi du 26 décembre 1914 (I. 3432). Il y a lieu, dès lors, de suivre, pour son application, les règles posées pour l'exécution de cette loi.

a) Le certificat de l'autorité militaire prévu ne peut être remplacé par aucun autre mode de preuve, notamment par l'extrait de l'acte de décès, même s'il contient la mention « mort pour la France », insérée en vertu de la loi du 2 juillet 1915 qui a un champ d'application plus vaste. (J. Off. 18 décembre 1917 — Sénat, Déb., p. 1099 — R. E. 6732, XII).

La délivrance du certificat prévu rentre dans les attributions du Ministère des Pensions (I. 3645, § 4, p. 6).

En cas de difficultés au sujet de la délivrance du certificat, il appartient aux intéressés de les faire trancher par la juridiction compétente ; à défaut de production du certificat, le payement de l'impôt doit être exigé, conformément au droit commun (Redon, 14 mai 1924 - R. E. 8064).

b) Le certificat régulier, émanant de l'autorité militaire, est suffisant et doit être admis.

Aux termes de la loi, ce certificat, pour être régulier, doit constater « que la mort a été causée par une blessure reçue ou une maladie contractée pendant la durée de la guerre ». Mais, pour les militaires, morts sous les drapeaux, pendant les hostilités, le certificat peut se borner à constater la situation militaire du défunt, au moment de son décès et la date de sa mort (I. 3461, § 14).

L'Administration n'a pas qualité pour apprécier les faits constitutifs du droit à la délivrance du certificat, ce rôle incombe exclusivement à l'autorité militaire, qui a reçu mandat légal d'attester les circonstances du décès.

En cas de doutes sur l'exactitude du certificat, les agents devront seulement, après réception de la déclaration, adresser un rapport motivé à leur Directeur (R. E. 8064, observations - I. 3461, § 12 R. E. 6372).

2° *S'il s'agit d'un non militaire*, le bénéfice de la réduction est subordonné à la production d'un acte de notoriété délivré, sans « frais, par le juge de paix du domicile du défunt et établissant les circonstances de la blessure ou de la mort » (L. 25 juin 1920, art. 34, § 2, n° 2).

Les observations que comporte cette justification et son examen ont été formulées à la page 4, V° justification.

APPLICATION DE LA RÉDUCTION.

Le successible a droit à la réduction, dès lors qu'il a quatre enfants ou plus vivants (ou assimilés) à l'ouverture de la succession.

Cette condition est suffisante, nonobstant l'application des tarifs spéciaux aux droits de mutation par décès (I. 3581, § 26 - R. E., 7353-7386, § VIII) ou l'application simultanée de la réduction sur l'actif global, prévu par l'art. 30, § 2 de la loi du 25 juin 1920, lorsque le défunt laisse plus de quatre enfants. Exemple : succession dévolue au conjoint survivant, usufruitier, et à cinq enfants communs, en ce qui concerne l'époux survivant (I. 3720, § 15 -R. E. 7534).

En cas de legs conjoint à deux époux ayant plusieurs enfants, la réduction s'applique aux droits dus par chacun d'eux (R. E. 7239-II).

OBJET ET QUOTITÉ DE LA RÉDUCTION. — MAXIMUM.

La réduction s'applique uniquement aux droits de mutation par décès. Elle ne saurait donc être étendue à la taxe successorale (R. E. 6776, § 8 — I. 3581, § 26, p. 9).

La réduction est de 10 p. 100 pour chaque enfant en sus du troisième. Elle est soumise à un double maximum. D'une part elle ne peut dépasser 2.000 fr. par enfant donnant lieu à réduction, c'est-à-dire, seulement à partir du quatrième (J. Off. 9 janvier 1924, Ch. Déb. p. 5, col. 2 — R. E. 7998 XIV). D'autre part, la réduction totale ne peut excéder 50 p. 100 des droits.

NON APPLICATION DE LA RÉDUCTION AUX ÉTRANGERS.

La règle édictée à cet égard et les observations que comporte son application, sont formulées : Voir Droits : Déduction sur l'actif global net dans les successions des pères et mères de famille nombreuse. — Exception.

Maximum de 80 % applicable au total de la taxe successorale et des droits de mutation par décès.

« Le total de la fraction de la taxe successorale édictée par l'art. 29, incombant à un « héritier, donataire ou légataire et des droits de mutation par décès à la charge de cet héri- « tier, donataire ou légataire, en vertu du présent article, ne pourra excéder 80 % de la part « nette qui lui est dévolue, calculée sur l'actif héréditaire net, sans déduction de la taxe « successorale. La réduction portera sur les droits de mutation par décès. » (L. 25 juin 1920, art. 30).

Pour calculer la part nette dont il s'agit, il y a lieu de comprendre les rapports dans l'actif héréditaire et de déduire le passif déductible (I. 3645).

La taxe successorale constitue une dette de l'hérédité, dès lors la réduction prévue ci-dessus ne peut porter que sur les droits de mutation par décès.

Il en résulte que la part nette du successeur non réservataire, tenu au paiement de la taxe, peut se trouver absorbée par le paiement de la taxe à sa charge, le surplus de la taxe, s'il en existe, étant prélevé sur les legs particuliers; lorsque la fraction de taxe qui lui incombe est inférieure au montant de sa part nette, les droits de mutation par décès ne peuvent être perçus en ce qui le concerne que dans la limite du maximum calculé de la manière indiquée ci-dessus (J. Off., 12 février 1921, Ch. Déb., p. 522, col. 1 ; R. E. 7383 XV).

Il en est de même, lorsqu'il s'agit d'un héritier réservataire si les legs particuliers à sa charge dépassent la quotité disponible et ne sont pas réduits.

Par contre, lorsque les legs particuliers à la charge d'un héritier réservataire ne dépassent pas la quotité disponible ou sont réduits dans cette limite, le maximum prévu ne peut trouver son application; dans cette hypothèse, en effet, d'une part, la taxe est déduite de l'actif pour le calcul de la réserve, d'autre part, le taux des droits de mutation par décès n'excède jamais 80 % (J. Off. précité ; R. E. 7383 XVI).

Payement.

Chacun des héritiers, légataires ou donataires doit l'impôt liquidé sur sa part nette dans la succession : les cohéritiers sont solidaires (L. 22 frimaire an VII, art. 32). Règles exposées au Chapitre Taxe : Obligation à la taxe — Solidarité — Privilège de l'Administration.

Délais pour le paiement de l'impôt.

Taxe et droits (L. 22 frimaire an VII, art. 24 et 25 ; 29 décembre 1919, art. 21 ; 28 avril 1816, art. 40 ; 25 février 1901, art. 19 ; 17 avril 1906.

Payement différé (L. 13 juillet 1911, art. 7 ; 25 juin 1920, art. 35 ; 14 novembre 1918 ; 29 décembre 1919, art. 17 ; 31 décembre 1921, art. 23).

Créances à terme. Droits de mutation par décès. Payement différé (L. 13 juillet 1925, art. 50 ; I. 3860, § 15).

Exemption des droits de mutation par décès.

Dons et legs à l'Etat.

Dons et legs pour l'érection de monuments aux morts de la guerre.

Parts des ascendants, descendants et du conjoint survivant dans les successions des militaires, anciens militaires morts victimes de la guerre.

Renvoi. — Exemption de la taxe et des droits. Voir textes et observations communes. Chap. Taxe, V° Exemption de la taxe.

Dons et legs, faits pour leur reconstruction, aux départements et aux communes des régions dévastées.

« Jusqu'au 31 décembre 1927, seront dispensés de tout droit de mutation à titre gratuit, les « dons et legs faits aux communes et départements envahis ou situés sur la ligne de feu, « compris dans la zone délimitée par le décret du 5 octobre 1921, en tant que ces dons et legs « sont affectés par la volonté expresse du donateur ou du testateur à des œuvres de recons- « truction par suite de dommages de guerre. »

« Il est statué sur le caractère de cette affectation par la décision de l'autorité compé- « tente pour autoriser l'acceptation. » (L. 31 mars 1922, art. 9 — I. 3729).

Dons et legs aux sociétés coopératives de reconstruction des régions dévastées.

Les libéralités, dons ou legs, faits aux sociétés coopératives de reconstruction et unions de sociétés coopératives approuvées (conformément au titre II de la loi du 15 août 1920, ainsi qu'à la confédération générale des unions de sociétés susvisées sont exempts de droit de mutation par décès (L. 12 juillet 1921, art. 13 et L. 31 mars 1922, art. 11).

Dons et legs pour collections publiques faits aux départements, communes et établissements pourvus de la personnalité civile.

« Sont exemptés des droits de mutation par décès et des droits de donations entre vifs « les dons et legs d'œuvres d'art, de monuments ou d'objets ayant un caractère historique, « de livres, d'imprimés ou de manuscrits, faits aux départements, aux communes et aux éta- « blissements pourvus de la personnalité civile, si ces œuvres et objets sont destinés à figu- « rer dans une collection publique. » (L. 30 juin 1923, art. 24, § 1 — I. 3784, § 10).

L'immunité ne s'applique qu'aux droits de mutation par décès, la taxe successorale demeure donc exigible dans les conditions habituelles lorsque la libéralité est faite à une collectivité autre qu'un département, une commune ou un établissement public (I. précitée).

L'énumération des objets de ces legs est purement générique ;elle englobe tous ceux qui présentent un intérêt artistique ou documentaire de nature à motiver leur conservation dans un musée ou une collection, ainsi que tous ouvrages ou écrits susceptibles de constituer ou enrichir une bibliothèque ou collection.

Les legs exonérés peuvent être faits soit à un département ou commune, soit à un établissement pourvu de la personnalité civile, c'est-à-dire à tous établissements publics ou d'utilité publique et à tous groupements ou collectivités constituant une personne morale ayant le droit de recevoir des libéralités et d'ester en justice.

Il est indispensable que l'objet des libéralités soit destiné à figurer dans un musée ou collection publics, c'est-à-dire ouverts au public (I. citée).

III. — DÉCIMES

Taxe et droits de mutation par décés. - Double décime.

« En addition aux recettes autorisées par la loi du 28 décembre 1923, il sera perçu deux « décimes sur tous les impôts, droits et taxe recouvrés au profit de l'État.» (L. 22 mars 1924, art. 3).

Le texte de cet article a été transmis télégraphiquement, dans la nuit du 22 au 23 mars 1924, au Préfet de chaque département qui en a assuré la publication dans les conditions prescrites par l'art. 1 de l'ordonnance du 18 janvier 1817 . il est devenu, par suite, exécutoire dans toute la France, à partir du 23 mars 1924, conformément à l'art. 2 de la même ordonnance (I. 3810, § 1 ; 3839, § 24 ; contra : R. E. 7559, 7767, 7831).

Il en résulte que la taxe successorale et les droits de mutation par décès afférents aux successions ouvertes, à partir du 23 mars 1924, sont assujettis au double décime, lequel s'ajoute à la taxe et aux droits calculés aux tarifs édictés par la loi du 25 juin 1920, en vigueur lors de la promulgation de la loi nouvelle.

Pénalités.

1° *Deux décimes et demi.*

« Il est ajouté deux décimes et demi *au principal* de toutes les pénalités fiscales, y com- « pris celles prononcées par la présente loi, qu'elles soient ou non déjà assujetties aux déci- « mes par les lois en vigueur. » (L. 25 juin 1920, art. 110).

2° *Double décime.*

(Voir le texte ci-dessus (L. 22 mars 1924, art. 3). Ce double décime s'applique au principal et aux deux décimes et demi édictés par l'article précité.

APPLICATION.

Il en résulte qu'il y a lieu d'ajouter au principal des pénalités :

Deux décimes et demi, lorsque la contravention est postérieure à l'entrée en vigueur de l'art. 110 de la loi du 25 juin 1920, et antérieure au 23 mars 1924.

Cinq décimes : Lorsque la contravention a été commise depuis le 23 mars 1924.

La date de la contravention est déterminée, en matière de déclaration tardive, par la date de l'expiration du délai ; et, en matière de déclaration inexacte (parenté, passif, etc.), incomplète ou insuffisante, par la date de cette déclaration. Toutefois, il y a lieu de remarquer que jusqu'à l'expiration du délai prévu pour souscrire la déclaration, les parties peuvent compléter leurs déclarations ou en réparer l'inexactitude ou l'insuffisance, sans pénalité.

Les droits simples liquidés à l'aide du Barême comprennent le principal de ces droits et le double décime ; il en résulte qu'il n'y a pas lieu d'ajouter cinq décimes aux pénalités calculées sur ces droits simples, mais seulement deux décimes et demi, soit le quart, pour se conformer aux dispositions précitées.

Suppléments de droits. - Intérêts moratoires.

« Pour les impôts perçus par l'Administration de l'enregistrement qui ne sont pas majo- « rés de pénalités de retard par les lois existantes, il est ajouté, à compter de la date de la « contrainte, des intérêts moratoires calculés, sur la somme reconnue exigible, au taux des « avances de la Banque de France. Tout mois commencé est compté pour un mois entier ». (L. 4 avril 1926, art. 39).

PÉNALITÉS

NOTA. — Les pénalités sont indiquées ci-après *en principal;* pour les *décimes,* voir ce mot.

Succession non déclarée.

Délai. — Décès : en France : 6 mois (L. 22 Frimaire, an VII, art. 24); — en toute autre partie de l'Europe (même article), en Algérie, Tunisie ou Maroc : 8 mois (L. 29 décembre 1919, art. 21); en toute autre partie de l'Afrique, en Asie ou en Amérique : 1 an (art. 21 précité).

Militaire mort en activité de service hors de son département et personnes décédées hors de France : le délai ci-dessus indiqué ne peut dépasser 6 mois du jour de la prise de possession des biens par les héritiers ou de la date de l'inscription du décès au registre de l'état civil du domicile du défunt (art. 24 précité).

Legs aux départements, établissements publics ou d'utilité publique : le délai ne court qu'à compter du jour où l'autorité compétente a statué sur la demande en autorisation d'accepter le legs sans que les héritiers ou légataires saisis de la succession puissent différer le paiement des droits au delà de 2 ans à partir du décès (L. 25 février 1901, art. 19 et 17 avril 1906, art. 7).

Calcul des délais. Le jour de l'ouverture de la succession n'est pas compté; il en est de même du dernier jour du délai lorsqu'il se trouve être un dimanche ou un jourférié (L. 25 frimaire, an VII, art. 25).

Pénalités (L. 8 avril 1910, art. 12 et 25 juin 1920, art. 29).

Retard :	%	Retard :	%	Retard :	%
1 mois	0.50	13 mois	16 »	25 mois	34 »
2 »	1.50	14 »	17.50	26 »	35.50
3 »	2.50	15 »	19 »	27 »	37 »
4 »	3.50	16 »	20.50	28 »	38.50
5 »	4.50	17 »	22 »	29 »	40 »
6 »	5.50	18 »	23.50	30 »	41.50
7 »	7 »	19 »	25 »	31 »	43 »
8 »	8.50	20 »	26.50	32 »	44.50
9 »	10 »	21 »	28 »	33 »	46 »
10 »	11.50	22 »	29.50	34 »	47.50
11 »	13 »	23 »	31 »	35 »	49 »
12 »	14.50	24 »	32.50	au delà	50 »

Une fraction de mois est comptée pour un mois entier. Maximum : moitié du droit simple (R. E. 8097).

Les pénalités de retard sont une sanction attachée par la loi, non au paiement de l'impôt, mais à l'obligation de passer la déclaration définitive et remplissant les conditions réglementaires (I. 3099, § 5), revêtue, notamment, de l'affirmation prescrite par la loi du 18 avril 1918.

Il en résulte, qu'en principe, ces pénalités doivent être calculées sur l'intégralité des droits simples exigibles, sans déduction des acomptes et des droits versés lors des déclarations partielles. (I. 3547, § 2 — Contra : R. E., 6898).

Toutefois, l'Administration admet qu'il y a lieu, après le dépôt de la déclaration contenant l'affirmation exigée, de ne liquider les pénalités de retard que sur le montant des droits simples non acquittés dans le délai légal, compte tenu de toutes les sommes versées dans le délai légal, soit à titre d'acompte, soit à la suite de déclarations partielles.

Lorsque le paiement des droits a été effectué en tout ou partie après l'expiration du délai légal, l'Administration admet également que la pénalité encourue pour chaque mois de retard ne soit calculée que sur le solde des droits simples restant dus au début de ce mois.

Ces tempéraments ne sont pas applicables, d'ailleurs, lorsque le redevable, par une résistance injustifiée opposée à l'Administration a perdu tout droit au bénéfice de ce régime de pure faveur. (I. 3566).

Père administrateur légal. (R. E. 8142). Déclaration tardive de legs particuliers par l'héritier ou le légataire universel. (R. E. 7337-8144). Tuteur. Mineur devenu majeur après expiration du délai (I. 3670, § 26). Décimes (R. E. 7337).

Déclaration inexacte.

Du lien ou degré de parenté entre le défunt et les héritiers, donataires ou légataires, ou du nombre d'enfants du défunt ou de l'héritier, donataire ou légataire.

Contravention. Parenté : L. 22 Frimaire, An VII, art. 27 et 25 février 1901, art. 16. Nombre d'enfants — du défunt : L. 25 juin 1920, art. 29, 30 et 34 ; — de l'héritier ou légataire : L. 25 juin 1920, art. 31 et 34.

Pénalité : Double droit en sus de celui qui est dû à titre de supplément (L. 18 avril 1918, art. 13 et 25 juin 1920, art. 29).

De la date de naissance de l'usufruitier.

Contravention : L. 25 février 1991, art. 13.

Pénalité : Droit en sus égal au supplément de droit exigible (L. 25 février 1901, art. 14). Si l'inexactitude porte sur le lieu de naissance, le droit (simple) le plus élevé devient exigible, sans pénalité, sauf restitution si la date de naissance est reconnue exacte (même art.).

Ayant indûment entraîné la déduction d'une dette.

Contravention. Inventaire du passif : L. 25 février 1901, art. 4. — Attestation du créancier : même loi, art. 6.

Pénalité. Amende égale au triple du supplément de droit exigible. Minimum : 500 fr. (L. 25 février 1901, art. 9).

Le créancier qui a faussement attesté la dette est tenu solidairement avec le déclarant au payement de l'amende et en supporte définitivement le tiers (même art.).

Insuffisance d'évaluation.

De biens meubles.

a) établie par actes visés à l'art. 20 de la loi du 30 juin 1923.

Pénalité. Un droit en sus si l'insuffisance résulte d'un acte antérieur à la déclaration (même art.).

b) autres preuves.

Pénalité. Un droit en sus (L. 8 avril 1910, art. 12).

L'insuffisance d'évaluation des rentes sur l'Etat Français et les valeurs mobilières étrangères ne donne lieu qu'à un supplément de droit, sans pénalité.

Observation. Dans ces deux cas, la pénalité ne s'applique que lorsque l'insuffisance est égale ou supérieure à un dixième (L. 8 avril 1910, art. 12).

De fonds de commerce, d'immeubles, de navires ou de bâteaux.

Contravention. Fonds de commerce : L. 22 Frimaire, An VII, art. 14. Immeubles : Loi 27 mai 1918, art. 1.

Pénalités (L. 13 juillet 1925, art. 60).

Insuffisance inférieure au huitième de la valeur déclarée : aucune pénalité.

Si l'insuffisance a été commise dans une déclaration souscrite après l'expiration du délai, la pénalité de retard est exigible sur le droit simple supplémentaire (I. 3700, § 27).

Si la déclaration a été souscrite dans le délai : intérêt calculé au taux de 6 % sur le montant du complément de droit simple, à compter du jour de la déclaration (L. 22 mars 1924, art. 29).

Insuffisance égale ou supérieure au huitième de la valeur déclarée.

a) reconnue amiablement avant la procédure d'expertise ou avant le dépôt au greffe du rapport de l'expert : un droit en sus, et les frais de l'expertise.

b) reconnue amiablement ou non après le dépôt au greffe du rapport de l'expert. Double droit en sus, et les frais de l'expertise.

En cas de contre-expertise, voir mode de calcul I. 3860, § 18.

Omission.

Contravention. Meubles : L. 22 Frimaire, art. 14 et 30 juin 1923, art. 20. Assurance sur la vie : L. 21 juin 1875, art. 6. Rentes sur l'Etat et valeurs mobilières étrangères L. 18 mai 1850, art. 7, 13 mai 1863, art. 11 et 23 août 1871, art. 4. Immeubles : L. 22 Frimaire, An VII, art. 15 et 27 mai 1918, art. 1.

Pénalité. Un droit en sus (L. 8 avril 1910, art. 12 et 25 juin 1920, art. 29).

Pénalité pour omission d'espèces ou de titres au porteur : non susceptible de remise. (I. 3449, § 10).

Observation commune aux insuffisances et omissions.

Le rehaussement de la valeur imposable des meubles meublants suivant le forfait de 5 %, par suite de la constatation d'une insuffisance ou d'une omission, ne donne ouverture qu'à un complément de droit simple, sans pénalité. (I. 3872, § 20).

Insuffisance ou omission présentant le caractère d'une dissimulation frauduleuse.

Pénalité : Double droit en sus non susceptible de remise. (L. 8 avril 1910, art. 12). Cette pénalité est exigible, même si l'insuffisance reconnue ou constatée est inférieure au huitième de la valeur déclarée. (I. 3860, § 18).

Défaut d'avis dépositaires, détenteurs ou débiteurs de valeurs mobilières.

Contravention. L. 25 février 1901, art. 15 et 30 décembre 1903, art. 3.

Pénalité. Amende de 500 fr. et responsabilité des droits de mutation et pénalités exigibles. (L. 25 février 1901, art. 15). Limitée au dépôt d'une valeur de 50 fr. et au-dessus (I. 3839, § 29).

Coffres-forts ouverts après décès.

Contravention. L. 18 avril 1918 (I. 3547) et 30 juin 1923. (I. 3784).

Pénalités. Amendes variables de 100 à 10.000 fr. et de 100 à 5.000 fr. (L. 18 avril 1918, art. 3 et 5).

Remise des Pénalités

Compétence (décret 19 janvier 1926. I. 3888).

Directeur départemental : pénalités ne dépassant pas 10.000 fr. Rapport en simple expédition.

Directeur général : pénalités de 10.001 à 40.000 fr. et toutes pénalités relatives aux coffres-forts tenus en location (I. 3888). Rapport en double expédition.

Ministre des Finances : pénalités au delà de 40.000 fr.

Recours en grâce : Toutes pénalités, même pour omission d'espèces ou de titres au porteur (I. 3390-18). Rapports en triple expédition.

Forme des rapports. I. 1926-2261, 270-139 et 148, 2921).

Succession non déclarée. La pétition n'est susceptible d'être examinée qu'après le dépôt de la déclaration définitive et régulière. (I. 3566).

Avant l'examen de toute pétition en remise de pénalités, les agents doivent inviter les redevables à verser un acompte égal aux droits simples. (I. 3700, § 32 — 3566 — 3674, § 23).

Typographie et Lithographie Ant. GED, 48, Rue Paradis, Marseille

www.ingramcontent.com/pod-product-compliance
Ingram Content Group UK Ltd.
Pitfield, Milton Keynes, MK11 3LW, UK
UKHW022128170726
13837UKWH00003B/1440